T0118688

*Margot Käßmann (Hg.)*
**Meine Geschichte mit der Bibel**

Margot Käßmann (Hg.)

# Meine Geschichte mit der BIBEL

edition ✛ chrismon

INHALT

INHALT

Inhalt
INHALT
Inhalt

Inhalt

INHALT

INHALT
Inhalt
Inhalt

Inhalt
INHALT

Inhalt

INHALT
Inhalt

6 | VORWORT

10 | VON KINDESBEINEN AN

28 | EINE BOTSCHAFT FÜRS LEBEN

52 | FAMILIENGESCHICHTEN

86 | UNTERWEGS MIT DEM BUCH
DER BÜCHER

VORWORT

*Das Magazin chrismon,* dessen Mitherausgeberin ich bin, hat Leserinnen und Leser aufgerufen, ihre persönliche Geschichte mit der Bibel einzuschicken. Anlass ist das Reformationsjubiläumsjahr 2017, für das eine revidierte Fassung der Lutherübersetzung erarbeitet wurde. Siebzig Fachleute arbeiteten sechs Jahre lang daran mit, die Übersetzung Martin Luthers Wort für Wort durchzugehen und mit dem hebräischen beziehungsweise griechischen Urtext zu vergleichen. Dabei wurde versucht, einerseits die neueren Erkenntnisse mit Blick auf die Urtexte einzubinden, andererseits die Treue zu Luthers Sprachklang zu erhalten.

Luthers Übersetzung ist so unverwechselbar, weil er wahrhaftig dolmetschen wollte – auch dieser Begriff stammt von ihm. In nur elf Wochen übersetzte er das Neue Testament auf der Wartburg ins Deutsche. Zwölf Jahre lang arbeitete er mit Wittenberger Kollegen an der Übersetzung des Alten Testaments. 1534 erschien dann die Gesamtausgabe der »Lutherbibel«, die sofort reißenden Absatz fand. Es war ein enormer Schub der Demokratisierung, dass nun jeder selbst lesen konnte, was in der Bibel stand – so er des Lesens kundig war. Vielerorts wurde auch öffentlich aus der Bibel vorgelesen. Bis dahin war sie nur denen zugänglich, die Latein, Griechisch oder Hebräisch lesen konnten. Die Menschen waren auf Bilder angewiesen, die biblische Geschichten darstellten. So ist die Bibelübersetzung Teil einer Emanzipationsbewegung und eines Bildungsaufbruchs.

Aber die Bibel lesen heißt noch nicht, sie lieb zu gewinnen. Die Geschichten, die Leserinnen und Leser uns geschickt haben, erzählen Erlebnisse, Gespräche und Glaubenserfahrungen mit der Bibel. Persönlich, berührend, manchmal kurios – aber immer mitten im Leben. So wollen wir diese Geschichten in diesem kleinen Buch mit Ihnen teilen. Vielleicht sind sie ja eine Anregung, über Ihre eigene Geschichte mit der Bibel nachzudenken. Oder sie wieder einmal zur Hand zu nehmen und nachzulesen. Fangen Sie mit dem Markusevangelium an. Anschließend könnten Sie es vergleichen mit dem Lukasevangelium, das dieselbe Geschichte aus einem anderen Blickwinkel erzählt. Oder Sie wählen das erste Buch Mose mit den großen Geschichten der Urväter und Urmütter unseres Glaubens.

Annegret Grimm danke ich herzlich für die Aufbereitung und Zusammenarbeit.

BERLIN IM JANUAR 2017, Margot Käßmann

## DIE HERAUSGEBERIN

***Prof. Dr. theol. Dr. h. c. Margot Käßmann*** ist
Botschafterin des Rates der EKD für das Reformationsjubiläum und Mitherausgeberin der Zeitschrift
chrismon. Von 2009 bis 2010 war sie Vorsitzende
des Rates der Evangelischen Kirche in Deutschland.
Sie ist Autorin zahlreicher Veröffentlichungen.

von Kindes-BEINEN an

von KINDESBEINEN an

von

# KINDES-BEINEN

an

von Kindesbeinen an

KINDESBEINEN

von KINDESBEINEN an

Kindes-BEINEN

von KINDESBEINEN an

an

*Viele Menschen erinnern sich,* wann sie ihre erste Bibel erhielten. Oft war es in evangelischer Tradition üblich, dass Taufpaten sie zur Konfirmation verschenkten. Aber auch Kinderbibeln haben eine große Bedeutung. Anrührend finde ich die Geschichten über weitergegebene oder vererbte Bibeln, denen an unterstrichenen Versen, Eselsohren oder besonders oft aufgeblätterten Seiten anzusehen ist, welche Texte dem Vorbesitzer oder der Vorbesitzerin besonders viel bedeuteten.

Martin Luther hat die Bibel in die deutsche Sprache übersetzt, damit die Menschen verstehen können, was da geschrieben steht. Er hat um die Worte gerungen und sie geradezu selbst erfunden: Geizhals, Morgenland oder Redewendungen wie »Das Licht unter den Scheffel stellen«. Und er forderte die Fürsten auf, Schulen für jeden Jungen und jedes Mädchen gleich welcher sozialen Herkunft zu gründen, damit sie alle lesen lernen können. Die Geschichten der Bibel waren Luther Richtschnur für seine Gewissensbildung. Deshalb sagte er vor dem Reichstag zu Worms, wenn er nicht aus der Bibel oder aus Vernunftgründen widerlegt werde, dann könne er seine Schriften nicht wie gefordert widerrufen, weil der Mensch nicht gegen das eigene Gewissen handeln solle.

13

Es ist wunderbar, wenn Kinder mit den Geschichten der Bibel aufwachsen. Es sind die großen Erzählungen des Lebens von Verführbarkeit und Liebe, Gewalt und Mut. Wie gut, wenn ein Kind beispielsweise die Josephsgeschichte kennt, die erzählt, wie ein Kind im wahrsten Sinne des Wortes verraten und verkauft wird, Schweres erlebt in der Fremde, am Ende aber Versöhnung in der Familie möglich wird. Und wie traurig, wenn ein Kind ein Schiff sieht, auf dem Tiere versammelt sind, aber nicht weiß, dass es sich um die Arche Noah handelt.

Geschichten, die wir teilen, prägen auch eine gemeinsame Tradition und Kultur. Deshalb ist die Bibel in unserem Land ein Glaubensbuch, aber auch ein Bildungsbuch, weil ein Mensch Geschichte, Literatur, Architektur gar nicht verstehen kann, wenn ihm die Bibel völlig fremd ist.

MARGOT KÄSSMANN

*Meine Bibel ist »nur« ein Neues Testament,* das mir in meiner Schulzeit sehr gute Dienste geleistet hat. In der Oberstufe hatten wir bei einem hochgebildeten evangelischen Pastor Religionsunterricht, der wie selbstverständlich davon ausging, dass seine Schüler, immerhin handelte es sich um ein altsprachliches Gymnasium, die Bibeltexte im griechischen Original lesen konnten. Da saßen wir nun, teilweise froh, Griechisch bereits abgewählt zu haben, und sollten mal flott Paulus' Römerbrief übersetzen. Was für ein Glück, dass ich über eine viersprachige Ausgabe (Latein, Griechisch, Englisch, Deutsch) des Neuen Testamentes verfügte, die es meinem Banknachbarn und mir ermöglichte, nach unseren lupenreinen Übersetzungen auch noch mit unserem Lehrer angeregt über Glaubensgerechtigkeit zu diskutieren.

So kam mein Neues Testament häufig zum Einsatz, davon zeugen unzählige Gebrauchsspuren und Unterstreichungen, sogar einen Spickzettel von damals habe ich noch gefunden. Auf jeden Fall hatte unser Lehrer einen hervorragenden Eindruck von uns, was uns stets solide dreizehn Punkte beschert hat. Ob der gute Pastor von unserem Hilfsmittel wusste, habe ich nie erfahren. Vielleicht hat er sich aber einfach nur gefreut, dass wenigstens zwei Kursteilnehmer mitreden konnten.

ANNEGRET WITTRAM

## GEWINNERIN

. . . . . . . . . . . . . . . . . . . . . . . . . . . . . . . . . . . . . . . . . . . . . . . . . . . .

*Ich habe meine Bibel* im Konfirmandenunterricht beim »Bibelwettaufschlagen« gewonnen. Der Pfarrer nannte eine Fundstelle, wir mussten schnell blättern und den passenden Vers vorlesen.

PIA STAUDT

## ZUFALLSFUND

. . . . . . . . . . . . . . . . . . . . . . . . . . . . . . . . . . . . . . . . . . . . . . . . . . . .

*Mit etwa neun Jahren* gehörte ich in unserer Gemeinde »Lutherhaus Berlin-Pankow« zu einer Mädchengruppe, die »Kleinlichterkreis« hieß. Berlin war geteilt, doch die Kirchengemeinden an den Sektorengrenzen bestanden noch aus West- und Ostberlinern. Unsere Gemeindehelferin hatte ihre Ausbildung wohl in einer besonders christlichen Einrichtung gemacht. Daher unser Name: Kleinlichterkreis. Manchmal besuchte sie mit uns nach den Treffen noch alte, kranke Menschen, denen wir Lieder sangen.

Einmal im Jahr unternahmen wir mit ihr und dem Mädchenbibelkreis eine mehrtägige Freizeit in der Nähe von Berlin. So fuhren wir 1948 in die Samariteranstalt in Ketschendorf. Bei der Ankunft hieß uns der Pfarrer willkommen. Er sprach darüber, dass wir Kinder vor alten Menschen Respekt haben sollten, das stünde schon in der Bibel. Wir sollten mal den Bibelvers suchen: »Vor einem grauen Haupt sollst du aufstehen und die Alten ehren«.

Wir schliefen alle in einem Raum auf Strohlagern. Abends blätterten wir auf der Suche nach dem Vers in unseren Bibeln. Ich besaß noch keine eigene und hatte die von meinem Bruder Martin mitgenommen. Sehr naiv begann ich von vorn zu lesen. Mein Bruder hatte in seinem Religions- und Konfirmandenunterricht Verse unterstrichen. Plötzlich, ich konnte es nicht fassen, fand ich im 3. Buch Mose, Kapitel 19,32 den gesuchten Vers, dick unterstrichen. Ich sprang auf und rief: »Ich hab ihn!« Die anderen konnten es kaum glauben.

Am nächsten Tag kam der Pfarrer wieder und fragte, ob jemand den Vers gefunden hätte. Er staunte nicht schlecht, als ich mich meldete und die Stelle nennen konnte.

Übrigens macht es mir auch heute noch Spaß, ab und zu in der Bibel meines Vaters zu blättern, weil ich darin erkennen kann, welche Verse ihm im Laufe seines Lebens besonders wichtig geworden waren. Bibeln sollten keine Museumsstücke sein, sondern Lebensbücher!

**URSULA FINKE, Altenkirchen**

# EINE KINDERBIBEL
## ALS WEGWEISER

*Meine Bibelgeschichte ist ein Mysterium:* Ich kann nicht sicher sagen, ob diese Geschichte um meine Anne de Vries-Kinderbibel wirklich passiert ist. Meine Mutter jedenfalls kann sich daran nicht erinnern. Aber die Geschichte hat sich tief in mein Bewusstsein gegraben und meinen Weg beeinflusst – darum ist sie für mich wahr, auch wenn sie nicht passiert sein sollte …

Als junges Mädchen entdeckte ich eine Kinderbibel von Anne de Vries in unserem Bücherregal. Aus heutiger Sicht ist es mir ein Rätsel, aber ich war damals überzeugt davon, auf eine evangelische Kinderbibel gestoßen zu sein. Auf Nachfrage, warum wir als Katholiken eine evangelische Kinderbibel hätten, erklärte mir meine Mutter, sie sei ein Geschenk des evangelischen Krankenhauses gewesen, in dem ich geboren worden sei. Jahre später bin ich konvertiert (nicht wegen der Kinderbibel, aber sie ist ein schöner Zufall) und habe mich vor Kurzem entschlossen, evangelische Theologie zu studieren, um Pfarrerin zu werden.

Die Erinnerung an die evangelische Kinderbibel erschien mir wie ein übersehener Schicksalswink. Vor einigen Wochen bat ich meine Mutter, mir die Kinderbibel nach Berlin zu schicken, doch ihr kam das Ganze unbekannt vor. Ich konnte ihr das Cover beschreiben und auch einige der farbigen Illustrationen im Inneren der Bibel, aber sie erinnerte sich weder an ein Geschenk des Krankenhauses noch fand sie die Kinderbibel in meinem Elternhaus. Ich bin nach wie vor davon überzeugt, dass mich diese Kinderbibel durch die Kindheit begleitet hat. Sie ist für mich Zeichen dafür, dass der Wille Berge versetzen kann. Denn selbst wenn meine Erinnerung mir einen Streich spielt und ich diese Kinderbibel nie zuvor gesehen habe, ist sie für mich eine Verbindung zum Theologiestudium, mit dem ich mich heute so wohl fühle. In meiner Erinnerung war ich immer begleitet vom evangelischen Glauben. Vor Kurzem habe ich mir die Kinderbibel von Anne de Vries wieder gekauft. Aber eigentlich war sie für mich die ganze Zeit über da.

**SABRINA GREIFENHOFER, Berlin**

## HEIMLICHE LEKTÜRE

*Als ich zwölf wurde,* begann für mich der Konfirmandenunterricht. Zwei Jahre dauerte er zu dieser Zeit. Einmal in der Woche musste man hinunter ins Tal ins Pfarrhaus – ein hässliches Haus, ohne Fensterläden, Gardinen, ohne jeglichen Blumenschmuck, drinnen ebenso kalt, muffig und freudlos wie die Kirche. Dies war kein Ort, an dem man sich freiwillig aufgehalten hätte. Der Unterricht bestand weitgehend darin, neunzig Fragen und Antworten aus dem Katechismus auswendig zu lernen, die bei der Konfirmation herunterzuleiern waren, zur »Erbauung« der armen Zuhörer.

In meinem Jahrgang waren wir neun Konfirmanden, so blieben für jeden zehn Fragen und Antworten. Für mich war dies nicht schwer, ich hätte auch die doppelte Menge leicht hersagen können und fürs Lernen keine zwei Jahre gebraucht. Mein Problem bestand eher darin, dass der Konfirmandenunterricht ebenso ablief wie der Religionsunterricht: Zuhören! Nichts reden! Nichts fragen! Keine Diskussionen! Nicht selten bekam ich daher vor der Stunde Magenschmerzen. Ohne Fragen zu stellen, schrieb mir Vater dann einen »Persilschein« für die verhasste Stunde. Der Umfang meiner körperlichen Leiden nahm fortan stetig zu.

Das andere Ärgernis war: Als Konfirmand musste man jeden Sonntag in die Kirche gehen, da half nichts, gar nichts. In den Jahren zuvor hatte ich mir die langweiligen zwei Stunden Gottesdienst meist mit der Lektüre von Schundheftchen verkürzt, die man leicht mit dem Gesangbuch kaschieren und im Schutz der vorderen Bank heimlich lesen konnte. Aber allzu oft gingen wir ohnehin nicht zur Kirche. Damit war nun Schluss. Wir Konfirmanden saßen im ehemaligen Chorgestühl unmittelbar neben dem Altar. An Schundheftchen war gar nicht zu denken! Ich half mir, indem ich in einer schmalen alten

Bibel las. Sie hatte einer Urgroßtante gehört und war in Format und Farbe vom Gesangbuch nur schwer zu unterscheiden. Vor dem Umblättern warf ich jeweils einen scharfen Blick auf den Pommern (so nannten wir den Pfarrer), vergewisserte mich, dass er mich nicht gerade im Visier hatte und las dann weiter. Auf diese Weise wurde ich im Laufe von zwei Jahren nicht nur recht bibelfest, sondern lernte auch Fraktur zu lesen, eine alte Schrift, in der die Bibel gesetzt war.

**RENATE SEITZ, München**

## VORLESESTUNDE FÜR PUPPEN UND HUND

*Ich bin Martha und sieben Jahre alt.* Im letzten Jahr war ich mit meiner Mutter bei einem ihrer Studienfreunde. Er ist Pfarrer in Zürich. Er schenkte mir eine Kinderbibel. Das fand ich ganz toll. Endlich eine eigene Bibel.

Meine Eltern haben mir jeden Abend daraus vorgelesen. Jetzt kann ich selbst lesen und ich lese sie meinen (Puppen-)Kindern vor.

Mir gefallen besonders die »Ich bin bei dir«-Texte. In der Christenlehre oder im Kindergottesdienst weiß ich jetzt auch schon immer gut Bescheid.

Außerdem bin ich froh, eine eigene Bibel zu haben. Mein Bruder Johann (10) rückt seine nämlich nicht raus. Der hat sie mit etwa anderthalb Jahren sogar unserem Hund Selma »vorgelesen«. Dafür hat er sich zu ihr ins Körbchen gesetzt und drauflosgebrabbelt. Mit ganz viel Amen ... Das fanden unsere Eltern lustig. Jetzt liest er nur noch die Fußballbibel.

Liebe Grüße.

Eure Martha aus Hennigsdorf

**BARBARA EGER, Henningsdorf**


## »UND DIE BIBEL HAT DOCH RECHT«

*Ich bin Jahrgang 1945.* Als ich etwa zehn Jahre alt war, erschien ein Buch mit dem Titel »Und die Bibel hat doch recht« von Werner Keller. Es wurde ein Bestseller. Ich habe es mir zu Weihnachten schenken lassen und war begeistert. Da wurden also Bibelstellen auf ihre historische Wahrheit geprüft. Von meinem Taschengeld kaufte ich mir daraufhin eine Bibel aus dem Pattloch-Verlag in Aschaffenburg, eine katholische Bibel. Diese Bibel habe ich noch heute und benutze sie ab und zu.

**HANS STERZINGER, Eschwege**

*Meine erste Bibel* ist eine »Gute Nachricht – Neues Testament« aus meinem Konfirmandenunterricht in der zweiten Hälfte der 1970er-Jahre. Gewiss, es gab zu Hause auch die Traubibel meiner Eltern, die stand im Bücherregal, aber das war nicht meine Bibel. Der 23. Psalm, den wir im Konfirmandenunterricht in der traditionellen Lutherübersetzung auswendig lernen mussten, steht in der Traubibel meiner Eltern, aber nicht in meiner »Guten Nachricht«. Aus heutiger Sicht fehlt mir darin der erste Teil der Bibel. Man sieht meiner »Guten Nachricht« an, dass der Konfirmand sich im Unterricht manchmal gelangweilt hat: Der Einband ist bemalt. Viel gelesen haben wir nicht darin, aber ich hatte sie im Unterricht immer dabei, deshalb sieht sie etwas abgewetzt aus.

Was weiß ich noch aus ihrem Inhalt? Mir fällt die Geschichte vom barmherzigen Samariter ein, darüber haben wir im Konfirmandenunterricht gesprochen. Ob mich das moderne Deutsch dieser Ausgabe mehr angesprochen hat als die Lutherübersetzung weiß ich nicht mehr.

Heute bin ich evangelischer Pfarrer und als Altenheimseelsorger tätig. Meine erste Bibel habe ich immer noch. Immer wieder kommen Menschen zu mir und bringen mir eine Bibel vorbei mit den Worten: »Hier ist eine alte Bibel, vielleicht können sie die noch gebrauchen«. Ich nehme sie alle und habe inzwischen eine ganz ordentliche Sammlung solcher Bibeln. Sie sind nicht alle wertvoll, aber sie haben alle eine Geschichte. Diese Bibeln sind zu schade, um sie wegzuwerfen, das spüren die Menschen, die sie mir geben und dabei oft ihre Geschichte mit diesem Buch erzählen.

Ich wünsche mir, dass später einmal jemand meine »Gute Nachricht« aufbewahren wird, zumindest für eine Weile.

**CHRISTIAN WIENER, Schwalbach**

## JUGENDERINNERUNGEN

*Das schönste Geschenk* an meinem vierzehnten Geburtstag war eine Bibel – die Senfkornbibel. Sie war klein und handlich, so dass sie gut ins Gepäck passte, wenn unsere Jugendgruppe zum Zelten oder anderen Freizeiten fuhr. Ich war die »Beauftragte« für das obligatorische Bibelquiz. Die Zettel mit den Fragen liegen noch heute in der Bibel. Als ich zwei Jahre in Genf wohnte, war sie mir ein treuer Begleiter.

Heute ziehe ich einen größeren Druck vor, doch die »kleine« Bibel liegt auch am Bett. Und beim Durchblättern stoße ich auf so manchen rot, blau, grün angestrichenen Vers – Jugenderinnerungen werden wach.

**SIGRID BÖCKER, Homberg/Efze**

*Meine Bibelgeschichte handelt* von einer schwedischen Bibel, besser gesagt vom Neuen Testament, auf Schwedisch »Nya Testamentet«. Mir wurde dieses zusammen mit einem Gesangbuch im Mai 1954 zu meiner Konfirmation in der Stadtkirche in Karlkoga überreicht. Zu dieser Zeit war es üblich, dass während der Konfirmationszeremonie die Konfirmanden und Konfirmandinnen erstmals an der Feier des Abendmahls teilnahmen. Wir knieten alle in einem Halbkreis um den Altar, den eine hüfthohe Balustrade umgab. Darauf stand für jeden von uns ein kleiner, etwa eierbechergroßer, mit Wein gefüllter Silberkelch bereit. Es wurde das Brot gereicht, anschließend kam die Aufforderung, an dem Kelch zu nippen.

Diese äußerst ungewöhnliche Zeremonie resultierte aus einem Vorfall während der Konfirmation im vorangegangenen Jahr. Man muss wissen, dass zu dieser Zeit in Schweden jeglicher Alkohol streng rationiert war. Eigentlich war er, wie heute noch, nur im »Systembolaget« erhältlich, einem gut sortierten und staatlich kontrollierten Laden für alkoholische Getränke. Im Vorjahr also wurde bei der Konfirmation zum Abendmahl den Konfirmanden erst das Brot und dann, wie auch hier üblich, der Kelch gereicht. Nur, zum Erstaunen aller Anwesenden, nahm gleich der erste Konfirmand den großen Kelch und leerte ihn bis zum letzten Tropfen. Die Aufregung war groß und der Pfarrer fühlte sich genötigt, vor der Fortsetzung der Zeremonie eine kurze Belehrung einzuschieben. Im Jahr darauf bekam jeder seinen kleinen Kelch.

DIETHER GROSSE, Malsburg-Marzell

## ES HATTE MICH GEPACKT ...

*Ich war in der Grundschule,* als ich begann, täglich in der Bibel zu lesen – einer Lutherbibel von 1914, gedruckt in altdeutscher Schrift. Bevor ich in die Schule kam, hatte Großmutter häufig aus der Kinderbibel von Anne de Vries vorgelesen. Dann fuhr ich auf eine christliche Kinderfreizeit. Dort gab es kleine, kindgerecht gestaltete Heftchen, mit denen Kinder zum Bibellesen angeleitet wurden. Das hatte mich gepackt und als ich von der Freizeit zurückkam, wollte ich damit nicht aufhören. Ich verspürte geradezu einen unbändigen Drang, weiter in der Bibel zu lesen.

Die einzige Ausgabe, die wir zu Hause hatten, war ein Exemplar, das meine Großmutter über den Krieg und die Flucht aus Ostpreußen gerettet hatte. Die alte Schrift zu lesen, lernte man nicht mehr in der Schule. Aber der Wunsch nach der Lektüre war innig und das Entziffern erschloss sich damit von selbst. Wie viele Jahre ich in dieser Ausgabe gelesen habe, kann ich nicht rekonstruieren. Es war lange. Nun bin ich vierunfünfzig und besitze mehrere Bibeln in unterschiedlichen Übersetzungen. Noch immer vergeht kaum ein Tag, an dem ich nicht zu diesem Buch greife. Der Zugang hat sich immer mal wieder verändert. Habe ich früher fortlaufend längere Abschnitte und biblische Bücher am Stück gelesen, so lese ich gegenwärtig eher meditativ. Manchmal sind es nur wenige Verse. Oder ich lese einen Abschnitt über mehrere Tage immer wieder.

**INES RIES, Wiesbaden**

## LEBENSBEGLEITER

*Die Lutherbibel*, die ich für den Konfirmandenunterricht bekam, sieht mitgenommen aus, innen wie außen: Im Hohenlied sind die Buchstaben A und M rot gemalt – die Initialen meiner ersten großen Liebe. Der rückwärtige Deckel hat eine Mulde. Die stammt von einem Topf, in dem eine Geranie wuchs. Als ich studierte, teilte sie sich die Fensterbank in meinem winzigen Zimmer mit meinen wichtigsten Büchern. Über Römer 3,24 ist ein Papier geklebt. Auf ihm steht ein Satz, mit dem ich als junge Lehrerin versuchte, Kindern die Rechtfertigung einfach zu erklären. Ein Schüler war es auch, der mir einen kleinen Teufelsaufkleber schenkte, den ich gedankenverloren auf meine Bibel klebte, vorn, direkt unter die Lutherrose.

Dort grinst er mir bis heute entgegen. Soll er, denke ich. Ich habe ja ein Buch, in dem steht:»Nichts kann uns scheiden von der Liebe Gottes.«

ANNE HÜTTER, Großrosseln

## KOSTBARES GESCHENK

*Ich bin in einer christlichen Familie* aufgewachsen und schon im Alter von zehn Jahren in den CVJM eingetreten. Viele schöne Stunden habe ich in den Jugendgruppen verlebt. Als die Konfirmation näherrückte, wusste ich, was ich mir auf jeden Fall schenken lassen wollte: eine Stuttgarter Jubiläumsbibel mit Erklärungen. Diesen Wunsch habe ich gegenüber meiner Großmutter geäußert, und sie hat sich darüber so sehr gefreut, dass sie mir diese Bibel in Lederausstattung mit Goldschnitt geschenkt hat.

Wenn ich diese Bibel heute aufschlage, finde ich viele, ja sehr viele Vermerke, Unterstreichungen und Hinweise und manch eine Andacht oder Predigt aus den Jahren der Jugendarbeit im CVJM und später als Vorsitzender des Gemeinderats in einer Kirchengemeinde. Sicher, manches sehe ich heute ganz anders. Aber ich freue mich nach wie vor über dieses kostbare Geschenk, auch wenn wir heute mit moderneren Übersetzungen arbeiten und ich lieber in einer Bibel mit größerer Schrift lese.

JÜRGEN ROHDENBURG, Bad Zwischenahn

*Meine Geschichte* mit der Bibel ist zunächst eine traurige und erst später eine gute. Ich habe im Alter zwischen dreizehn und achtzehn Jahren regelmäßig in der Bibel gelesen. Ich war durch meinen Konfirmandenunterricht bei einem evangelikalen Pastor dazu gekommen. Allerdings war meine Lektüre von massiver Angst bestimmt: Ständig war ich auf der Suche nach Bestätigung meines christlichen Lebens, fand aber bei meiner Suche viele verdammende und Angst machende Bibelstellen, die beispielsweise von »Sünde wider den Geist« erzählten. Meine Ängstlichkeit war so groß, dass ich meine Bibel nur auf der Toilette lesen konnte: Vor Angst hatte ich Durchfall. Da ich mich nicht traute, mit anderen Menschen darüber zu sprechen, konnte ich auch keine anderen Erfahrungen mit Bibellektüre machen.

Erst später, durch einen gewissen Abstand zur Bibel und durch mein Theologiestudium habe ich ein positives Verhältnis zum Buch der Bücher bekommen. Die Botschaft der Bibel ist ein Evangelium, eine frohe Botschaft, wenn sie richtig gelesen wird!

Heute bin ich seit zwanzig Jahren evangelischer Pfarrer.

**HOLGER NOLTE-GUENTHER**

EINE
*Botschaft*
FÜRS LEBEN

*fürs Leben*

eine
BOTSCHAFT
FÜRS LEBEN

eine
# BOTSCHAFT
**fürs** Leben

*eine*
BOTSCHAFT
*fürs Leben*

*Botschaft*

BOTSCHAFT

*fürs Leben*

*Oft habe ich als Pfarrerin erlebt,* dass Menschen mir erzählen, was Ihnen der eigene Tauf-, Konfirmations- oder Trauspruch bedeutet. In Gesprächen zur Vorbereitung dieser Feste habe ich deshalb immer Zeit darauf verwendet, zu überlegen, in welche Richtung der Bibelvers für diesen besonderen Moment im Leben inhaltlich gehen sollte. Im Anschluss haben sich die Taufeltern oder das Paar oft viel Mühe gegeben, den »richtigen« Vers zu finden. Viele haben miteinander dann intensiv die Bibel gelesen und sind ins Gespräch gekommen über die Bedeutung ihrer Ehe oder ihre Wünsche für ihre Kinder. Manche Geschichte, die chrismon-Leserinnen und Leser hier erzählen, zeugt davon. Konfirmationssprüche werden oft vom Pfarrer oder der Pfarrerin ausgesucht. Manche suchen dann nach der Bedeutung, die genau dieser Vers in ihrem Leben hat. Und wenn Bibelverse über einer Traueranzeige stehen – was ich gut finde, was aber leider »aus der Mode« kommt – dann haben Angehörige nachgedacht, was der oder die Verstorbene für ein Mensch war und welcher Vers zu seinem oder ihrem Leben passt.

Natürlich ist es nicht gut, einen Vers aus dem Zusammenhang zu reißen. Die Erzählung zum Trauspruch »Wo du hingehst, da will ich auch hingehen«, zeigt das beispielhaft. Paare, die diesen Vers wünschen, wissen in der Regel nicht, dass Rut das zu ihrer Schwiegermutter Noomi sagt. Es ist stets wichtig, einen Vers im Kontext zu lesen. Aber manchmal trifft einen Menschen ein bestimmter Vers, wird ihm zur Kraftquelle in schwerer Zeit oder bringt eine Erkenntnis in einem besonderen Moment. Biblische Texte können uns Worte geben, wenn wir selbst keine Worte finden, ich denke etwa an Psalm 23 oder das Vaterunser.

Martin Luther sah Jesus Christus als »Mitte der Schrift«. Von ihm her hat er die Bibel verstanden. Leider muss in diesem Zusammenhang auch erwähnt werden, dass er nicht akzeptieren konnte, dass Menschen jüdischen Glaubens den hebräischen Teil der Bibel nicht als Hinführung zu Jesus Christus als den Messias verstehen, sondern ganz eigenständig als ihr Heiliges Buch wahrnehmen. Heute können wir als Juden und Christen darüber in einem interessanten Gespräch sein. Dass die Kirche, die sich aus der Reformation ableitet, die Judenfeindschaft überwunden hat, ist eine wichtige Voraussetzung, das Reformationsjubiläum feiern zu können.

**MARGOT KÄSSMANN**

## »WO DU HINGEHST …«

*Meine Lieblingsgeschichte* der Bibel ist das Buch Rut. Ich wollte daher gerne »Wo du hingehst, da will ich auch hingehen« als Trauspruch. Wenn Augenrollen 1997 olympisch gewesen wäre, unser Pfarrer hätte sich spontan qualifiziert. Reichlich gequält sagte er, den Spruch bekäme ich nur, wenn ich erläutern könne, wer das zu wem gesagt hat. Bei meiner Antwort »Rut zu ihrer Schwiegermutter« und der weiteren Erklärung darüber, wie mein damaliger Verlobter und heutiger Göttergatte so ist, hatten wir noch ein zwei Stunden langes (!), wunderbares Gespräch. Zur Trauung schenkte uns der Pfarrer neben der Bibel noch einen schmalen Band: »Predigten zum Buch Rut«.

HEIDI ASSMANN, Westerburg

## TROST, ERMUTIGUNG
## UND WUNDER

*Meine erste deutsche Bibel* erhielt ich zur Konfirmation. Aufgewachsen in Namibia bei meiner an Krebs erkrankten Adoptivmutter, empfand ich schon als Teenager einzelne Bibelverse als überaus tröstlich und ermutigend; mit der Zeit wurde mir die Heilige Schrift Kraftquelle und Wegweisung. Seiher begleitet sie mich täglich und hilft mir, alle Hürden und Krisensituationen zu meistern.

Zwei markante Beispiele dazu: 1979 lag ich, im dritten Monat mit meiner jüngsten Tochter schwanger, wegen postoperativer Lungenembolie auf der Intensivstation. Aufgrund von schwerwiegenden Faktoren sei mit »hochgradiger Mehrfachbehinderung des Ungeborenen« zu rechnen. Deshalb riet mir der Oberarzt dringend zum Abbruch der Schwangerschaft. Mit Handzeichen gab ich zu verstehen, dass Abtreibung für mich nicht in Frage kommt. Und Gott beschenkte uns mit einem völlig gesunden Kind: Seit vielen Jahren versieht Tabea als äußerst engagierte Polizeibeamtin in München ihren oftmals schweren Dienst zum Wohl der Menschen.

Als ich vor einigen Jahren nach einer lebensgefährlichen Notoperation wieder auf Intensivstation lag und nicht zum Lesen fähig war, kamen mir viele motivierende Bibelverse in den Sinn, die sich während der vorangegangenen Jahrzehnte in mein Gedächtnis eingeprägt hatten, zum Beispiel der göttliche Zuspruch, den König David seinem Sohn Salomo mitgab: »Sei getrost und unverzagt, fürchte dich nicht und lass dich nicht erschrecken« (1 Chr 22,13) oder der Vers aus Jesaja 40,31: »Aber die auf den HERRN harren, kriegen neue Kraft, dass sie auffahren mit Flügeln wie Adler ...«

Meine Bibel, die mir mein Mann 1971 schenkte, ist schon so zerfleddert, dass sie beim Aufschlagen auseinanderfällt. Die zahlreichen Einträge, die ich mit Bleistift hineingeschrieben hatte, sind schon fast nicht mehr zu entziffern. Seit 2006 benutze ich eine andere Bibel, die inzwischen auch schon ziemlich abgegriffen ist, aber ihr Inhalt bleibt mir eine Quelle der Kraft und Motivation.

BRITA WAGNER, Seeheim-Jugenheim

## DER HERR, EUER GOTT, IST IN EURER MITTE

*Ich ließ mich als Erwachsene taufen.* Kurz vor meiner Taufe war ich sehr gespannt auf meinen Taufspruch. Während ich in der Bibel las, traf mich ein Bibelvers mitten ins Herz: »Denn der HERR, dein Gott, ist bei dir, ein starker Heiland. Er wird sich über dich freuen und dir freundlich sein, er wird dir vergeben in seiner Liebe und wird über dich mit Jauchzen fröhlich sein« (Zef 3,17).

Der Taufvers stand schon länger fest und war im Gemeindebüro hinterlegt. Doch nachdem mich dieser Bibelvers derart berührt hatte, verging meine innere Spannung nicht. So machte ich mich auf, ging zu meiner Nachbarin, meiner Taufpatin, und sagte ihr, dass ich wüsste, wie mein Taufvers lautete. Sie glaubte mir nicht, doch tatsächlich: Der im

Gemeindebüro hinterlegte Taufvers für mich war
Zefania 3,17. Wir hatten vorher nicht darüber gesprochen. Fassungslos hörte sie mir zu. Ich habe
meinen Taufspruch tatsächlich direkt vom Herrn
bekommen. Er ist sehr kostbar für mich.

SABINE BUYKEN, Burgdorf

## MEINE ERSTE ERINNERUNG
## AN DIE BIBEL

*Ich weiß heute nicht mehr genau,* wie alt ich damals war, höchstens sechs Jahre oder jünger, denn
lesen konnte ich noch nicht. Ich war mit meiner
Mutter und vermutlich auch meinen Geschwistern
im Kindergottesdienst. Die biblische Geschichte, die
mir noch heute in Erinnerung ist, wurde nicht ge-
spielt, also muss sie unser damaliger Priester mit
seiner warmen, freundlichen Stimme vorgelesen
haben. Alles darum herum ist unscharf in meiner
Erinnerung. Aber ich weiß noch genau, wie ich in
der Kirche saß und gebannt lauschte. All die Eindrücke, wie das freundliche Gesicht unseres Priesters
und der helle, behagliche Kirchenraum von Sankt
Franziskus verbanden sich mit der biblischen Botschaft, stärkten und festigten sie in mir.

Es war die Geschichte von dem kleinen Zöllner
Zachäus, der Jesus unbedingt sehen wollte. Diese
Geschichte berührte mich sehr tief, weil Jesus nicht

auf das Reden der Leute hörte, die Zachäus hassten, sondern zu ihm ging und damit sein Leben zum Besseren änderte. Warum Zachäus verachtet wurde, lernte ich erst viel später – und es war auch gar nicht wichtig für mich.

Die Botschaft dieser Geschichte, dass Gott alle Menschen liebt und jedem die Hand reicht, gab mir damals ein intensives Gefühl der Geborgenheit im Glauben, das ich auch heute, mehr als zwanzig Jahre später, immer noch spüre, wenn ich an Zachäus denke.

LIANE KRÖMMELBEIN, Bad Homburg

## GLAUBE, HOFFNUNG, LIEBE

*Vor zwanzig Jahren* haben meine Frau und ich unsere Hochzeit vorbereitet. Wir waren natürlich auch beim Pfarrer und sollten uns einen Trauspruch überlegen. Da wir damals noch kein Internet zur Verfügung hatten, war dies ein Augenblick, in dem wir intensiv in der Bibel geblättert haben, eine schöne Erinnerung. »Nun aber bleiben Glaube, Hoffnung, Liebe, diese drei, aber die Liebe ist die größte unter ihnen.« (1 Kor 13,13) ist am Ende unser Spruch geworden. Er ist für uns immer noch sehr wahr, und wir leben ihn auch jetzt noch – nach zwanzig Jahren.

ROBERT BRAUN, Moers

# MIT GOTTES WORT
# DURCHS TÄGLICHE LEBEN
# GEHEN

*Seit sechzig Jahren* begleitet mich die Bibel, die ich von meinen Eltern zur Konfirmation geschenkt bekommen habe. In braunes, weiches Leder gebunden, mit Goldschnitt. Der Einband ist jetzt stark abgegriffen, aber er hält die feinen, dünnen Blätter noch immer zusammen. Meine Eltern schenkten mir dieses Buch in einem so wertvollen Einband, obwohl das Familieneinkommen gerade so für die Eltern und die fünf Kinder reichte. Das Buch sollte mich schließlich mein ganzes Leben lang begleiten. Es war eine handliche Ausgabe: eine »Senfkornbibel«, acht mal zwölf Zentimeter groß. Obwohl ich heute eine Lupe zum Entziffern der Buchstaben brauche, ist meine Konfirmationsbibel nach wie vor auf allen meinen Reisen dabei. Und natürlich ist es noch die Übersetzung von 1912 in dem etwas altertümlichen und bildstarken Deutsch, das in der Lutherbibel 2017 wiederentdeckt wurde: »Wie der Hirsch schreit nach frischem Wasser, so schreit meine Seele, Gott, zu dir.« Der Beginn des 42. Psalms ist wieder so stark, wie Martin Luther ihn übersetzt hat. Wie lange und oft habe ich gerätselt, was das Wort »Lindigkeit« bedeutet. Die Stelle aus dem Philipperbrief »Eure Lindigkeit lasset kund sein allen Menschen! Der Herr ist nahe.« (Phil 4,5) wird heute mit »Güte« übersetzt.

»Freuet euch in dem Herrn allewege; und abermals sage ich: Freuet euch! Eure Güte lasst kund sein allen Menschen! Der Herr ist nahe! Sorgt euch um nichts, sondern in allen Dingen lasst eure Bitten in Gebet und Flehen mit Danksagung vor Gott kundwerden. Und der Friede Gottes, der höher ist als alle Vernunft, wird eure Herzen und Sinne in Christus Jesus bewahren.« Warum gerade dieser Absatz aus dem Philipperbrief? Sehr einfach, darin steht mein Konfirmationsspruch, der in der Fassung von 1912 so lautet: »Sorget nichts, sondern in allen Dingen lasset eure Bitten im Gebet und Flehen mit Danksagung vor Gott kund werden.« Ein Wort, mit dem es sich gut durch das tägliche Leben gehen lässt.

PRÄSES DER EKD-SYNODE IRMGARD SCHWAETZER, Hannover

## ZETTELWIRTSCHAFT

*Ich nehme sie ganz oft* in die Hand und habe sehr viele Zettel als Lesezeichen drin – an den Stellen, wo die Taufsprüche meiner Kinder stehen und an vielen anderen Stellen …

CAROLA VONHOF-STOLZ

## VERTONTE BIBEL

*Meine Geschichte mit der Bibel* ist nicht spektakulär. Ich bekam sie zur Konfirmation geschenkt,
das war vor dreißig Jahren. Danach stand sie vermutlich einige Zeit unbeachtet im Bücherschrank.
Erst als ich während meiner Studienzeit einen Haus-
kreis besuchte, nahm ich sie wieder zur Hand. Nun
interessierte mich das Wort Gottes. Davon zeugen die
unterstrichenen Verse und Passagen, die mir wichtig
wurden – damals mit leuchtendem Edding markiert,
heute leicht verblasst. Eingebunden in eine braune
Lederhülle, die noch von meiner Mutter stammt,
steht das Buch der Bücher gut greifbar im Wohn-
zimmerregal. Dort hat es seinen Platz nach jedem
der vielen Umzüge gefunden. Der Griff nach der
Bibel ist seltener geworden, was nicht bedeutet, dass
mir die Worte weniger wichtig wären. Mir erscheint
das Losungsbuch mit ausgewählten Sprüchen prak-
tischer für den Alltag.

Außerdem habe ich in der geistlichen Chormusik
einen neuen Zugang zu Gottes Wort entdeckt –
biblische Aussagen in der Vertonung von Heinrich
Schütz oder Johann Sebastian Bach sprechen mich
auf besondere Weise an. Deshalb absolviere ich gerade einen Kurs für Chorleiter. Und deshalb sitze ich
jetzt wieder häufig über meiner Lutherbibel, denn
die Abschlussprüfung fordert neuerdings bibelkund-
liches Wissen.

Beim Lesen im Alten Testament störe ich mich an den Geschichten voller Kämpfe und Gewalt, an Kriegen, die im Namen Gottes geführt werden. Da liegen mir die Aussagen im Neuen Testament deutlich näher. Jesu Worte an die Mühseligen und Beladenen, die bei ihm Erquickung und Ruhe finden dürfen – das sind trostspendende Sätze für mein Leben. Oder wenn ich in der Apostelgeschichte unterwegs bin, spüre ich förmlich die Aufbruchsstimmung und Begeisterung der ersten Christen. Und erst die Stelle in der Offenbarung, die mich immer wieder berührt: Gott wird abwischen alle Tränen von ihren Augen, heißt es dort. Da staune ich, wie die Worte lebendig werden – und das kommt mir dann doch ein kleines bisschen spektakulär vor.

BEATE KRANNICH

## »SIE WERDEN LACHEN – DIE BIBEL.«

*In der Grundschule* hatte ich in den ersten beiden Klassen eine Religionslehrerin, die uns die Geschichte von Joseph und seinen Brüdern erzählte. Sie stellte das so spannend dar, dass ich meinte, ich sei selbst mitten im Geschehen und an den Ereignissen beteiligt. Ich wünschte mir zu Weihnachten daraufhin eine Kinderbibel, damit ich die Geschichte nachlesen konnte. Diese Kinderbibel begleitete mich bis zur

39

Konfirmation, an der ich von unserem Pfarrer die Heilige Schrift in Luthers Übersetzung geschenkt bekam. Das Erste, was ich tat, war, meinen Konfirmationsspruch aufzusuchen und zu unterstreichen. Als Nächstes schlug ich die Josephsgeschichte auf und war fasziniert von der Sprache Luthers. Da unser Pfarrer uns von Hiob berichtet hatte, war es selbstverständlich, dass ich nun auch die Geschichte von Hiob nachlesen wollte. Zwei, drei Jahre später schrieb ich einen Artikel über Bertolt Brecht für die Schülerzeitung und stieß dabei auf folgende Bemerkung Brechts. Auf die Frage, welches Buch ihm das liebste sei, antwortete Brecht: »Sie werden lachen – die Bibel«. Auch ich würde auf diese Frage mit Brecht antworten: Die Bibel.

DOROTHEE HERMANN-GERLACH, Stuttgart

# TISCHLERLEHRE NACH BIBLISCHER ANLEITUNG

*Wenn ich meine Bibel* mal wieder zur Hand nehme, wundere ich mich über die zahlreichen Merk- und Notizzettel. Sie stammen nicht aus der Zeit meiner intensiven »treuen Jugendstunden«, sondern aus meiner 36-jährigen Tätigkeit als Berufsschullehrer. Im Fach Wirtschaft/Politik erschien ich des Öfteren mit der Bibel in der Hand im Klassenraum, um in das Verstehen der »Richtschnur des sittlichen Handelns«

(Kant) und in »Gebot und Strafe« (Altes und Neues Testament) einzuführen. Manchmal hatte ich neben der Bibel auch das Buch »Mein Kampf« dabei, um zur Diskussion anzuregen. Es gelang immer – in vielfältiger, nicht vorherzusehender Weise. Sicherlich bin ich nicht bibelfest, doch ich traute mir zu, die Diskussion über die Geschichte der Juden zu führen – und dabei alle Abgründe und alle Gräuel mit den Schülern zu thematisieren.

Als ich eines Tages auch in der Fachkundestunde mit der Bibel in der Hand in den Unterricht kam, sah ich teils in verwirrte Gesichter. Ich stieg mit Bibelzitaten aus dem 2. Buch Mose ein: »Du sollst auch einen Tisch machen von Akazienholz; zwei Ellen soll seine Länge sein ...« (Ex 25,23). Wie sieht der Baum aus, wo wächst er, wer hat schon mal Akazienholz ver- bzw. bearbeitet, wie lang ist eine Elle? Dazu zeigte ich Dias von alten Möbeln aus ägyptischen Grabkammern. Warum war das für meine Schüler auch interessant? Es waren angehende Tischlergesellen! Und ich erinnere mich an weitere Bibeln in meinem Bücherbestand: Eine Bibel, die der Bischof 1941 meinen Urahnen mit einer Widmung zur Goldenen Hochzeit übergeben hat und eine Bibel, die aus der Schulzeit meines jüngeren Bruders stammte. Wahrscheinlich ein Bibelbestand, wie er in jedem »deutschen Durchschnittshaushalt« anzutreffen ist.

## BIBEL UND LIEBE – ODER: TAUSCHE EIN B GEGEN EIN E UND AUS DER BIBEL FLIESST DIE LIEBE

*Die Stille eines Sonnensonntagmorgens.* Der Duft aus der Brötchentüte überflügelt den einer Vorgartenrose. Croissant! Zimtsemmel! Ich genieße die noch frische Sommerluft. Mein Herz jubelt mit der Amsel, sie hockt auf einem Dachfirst. Ich freue mich auf frisch gebrühten Kaffee, auf den von Bernd gedeckten Frühstückstisch, auf Musik aus unserer Jugendzeit. Die wird er gleich auf den Plattenteller legen. Yesterday, wie früher, Beatles. All my loving, das wünsche ich mir für diesen sonnigen Tag.

Ich steige in die erste Etage hinauf, drehe den Schlüssel im Schloss, meine Nase riecht Kaffeeduft. Drinnen empfängt mich ein Kuss. Heute ist der fünfundvierzigste Jahrestag unseres ersten Kusses. Damals hörten wir im Hintergrund: Number 9. Number 9. Number 9. Revolution 9! Erster Kuss! Block that kick. Schwindel!

Jetzt gibt's aber Frühstück. Und dazu: Here comes the sun. Und mit dem Honigcroissant: All you need is love. »Bernd«, sag ich, »das ist eine Offenbarung, alles, was wir brauchen, ist Liebe, unsere Liebe.« »Davon sprach schon Paulus«, erinnert er sich. Ich erinnere mich auch, gehe zum Bücherregal, suche und finde im unteren Regalfach Omas Bibel.

An einer Seite ist der Rücken des schwarzen Leinendeckels etwas zerrissen. 1921, steht auf der ersten Seite. Schwungvolle Buchstaben schlingen »Familie Born« darüber. Ein Erbstück. Vorsichtig blättere ich das Buch auf: *Die Heilige Schrift, nach der Übersetzung D. Martin Luther's.*

Die Schönheit der schwingenden Schrift lockt mich in die Seiten. Ich vergesse mein Honigcroissant. Ein Sog zieht mich in das Buch der Bücher. Hold that line. Ein Eselsohr in einer Seite. Paulus' erster Korintherbrief, Kapitel 13. Dort finde ich, was sich tief in unsere Erinnerung gegraben hat: »Nun aber bleiben Glaube, Hoffnung, Liebe, diese drei; aber die Liebe ist die größte unter ihnen.«

»Wenn wir unsere Initialen einsetzen, wird es ein Anagramm«, sagt Bernd. Tausche ein B gegen ein E und aus der Bibel fließt die Liebe.

ELEONORE BORN, Bremerhaven

## BIBEL-KONZENTRAT

*Meine Bibel hat eine Geschichte,* die bereits vor mehr als siebzig Jahren beginnt. Deshalb hole ich ein wenig weiter aus. Ich bin in einem christlichen Elternhaus aufgewachsen, in dem die Bibel stets geachtet war. Das Mittagessen wurde immer mit einer kurzen Lesung aus der großen Hausbibel abgeschlossen. In den letzten Jahren des Zweiten Weltkrieges gab es keine Bibeln mehr zu kaufen. Meine beiden Brüder wurden zum Militärdienst eingezogen, und im Januar 1944 erhielt ich einen Stellungsbefehl, um als 15-jähriger Luftwaffenhelfer zur Flak einzurücken. Woher sollten meine Eltern, die ihre Söhne aus dem Haus entlassen mussten, drei Bibeln nehmen? So erhielt ich als Letzter ein kleines Neues Testament.

Zu meiner Schande muss ich bekennen, ich schämte mich, in Gegenwart meiner Kameraden die Bibel zu lesen. So tat ich das jeweils im Verborgenen. Aber eines Tages war auch das nicht mehr möglich. Am 25. August 1944 gab es einen schweren Luftangriff auf Rüsselsheim. Zwanzig Meter entfernt schlug eine Phosphorbrandbombe ein, die unsere Holzbaracke in Sekunden lichterloh in Brand setzte. Auch meine Bibel verbrannte.

Nach Kriegsende erhielt ich nach langem Suchen von Bekannten eine arg mitgenommene Bibel, die aus dem Einband herausgerissen war, der außerdem auch fehlte. Und das Johannes-Evangelium fehlte ebenfalls. Ich bekam irgendwoher ein loses Johannes-Evangelium und meine Schwester flickte alles zusammen. Ich war glücklich, eine Bibel zu besitzen, die ich jetzt ungehindert lesen konnte. Doch warum fehlte wohl gerade dieses Evangelium? Ich nehme an, ein Soldat hat das Johannes-Evangelium herausgerissen, um nicht ein dickes Buch mitzuschleppen. Auf das Evangelium nach Johannes wollte er jedoch nicht verzichten. Und auch mir ist dieses Evangelium im Laufe meines Lebens sehr ans Herz gewachsen. Es zeigt in gut verständlicher Sprache: Gott hat die Welt geliebt und Jesus Christus ist der Sohn Gottes, der Weg zum Heil. Wenn ich heute noch einmal in den Krieg oder in die Verbannung gehen müsste, auf das Johannes-Evangelium möchte ich nicht verzichten. Es ist die Bibel in konzentrierter Form.

GERHARD KRUMM, Niederdreisbach

## 11. SEPTEMBER

*Meine erste Bibel* war meine Schulbibel. Sie verbrannte 1999 bei unserem Hausbrand. Wir haben im letzten Moment überlebt. Nicht alles konnte ersetzt oder wiederbeschafft werden, viele Erinnerungen sind einfach ausgelöscht.

Ausgerechnet am 11. September 2001 kaufte ich mir eine neue Bibel. Mit der Bibel unterm Arm kam ich von der Arbeit nach Hause, und meine drei Kinder saßen fassungslos vor dem Fernseher, wo der Anschlag auf das World Trade Center gezeigt wurde, der Tausenden das Leben gekostet hatte. Noch bis spät in der Nacht saß ich mit der Bibel in der Hand vor dem Bildschirm, blätterte, las und suchte nach Antworten. Wie steht da geschrieben »… und Gott sorgt für sein Volk!« Welches Volk? Ist er nicht der Gott aller Menschen?

MARLIES SCHULZ, Rietberg

# DARF ICH VORSTELLEN:
# ESTHER

*1991 flog ich zur Vollversammlung* des Ökumenischen Rates der Kirchen nach Canberra, Australien. Es war eine lange Reise über Bangkok und Bali, 36 Stunden. Ich war mit meiner vierten Tochter im dritten Monat schwanger. Mir war oft übel und ich bereute, die lange Reise überhaupt angetreten zu haben. Außerdem begann der erste Irakkrieg und es gab Befürchtungen, Mittelstreckenraketen könnten Europa erreichen.

In dieser Situation begann die Tagung in Australien mit einer Vorkonferenz der Frauen. Die Bibelarbeit hielt eine Theologin und Pfarrerin aus Kuba, Ofelia Ortega. In ihrer Bibelarbeit entfaltete sie die Geschichte der Königin Esther. Mich hat die Geschichte, die ich bis dahin eher am Rande wahrgenommen hatte, fasziniert. Esther hatte ihrem Mann ihre jüdische Herkunft verschwiegen. Als aber ihr Volk durch den ehrgeizigen Emporkömmling Haman bedroht wird, steht sie mutig dagegen auf. Sie kämpft mit den Waffen einer Frau, denn der König liebt sie, er will ihr gar das halbe Königreich schenken. Bei einem Essen, zu dem Esther sowohl Haman als auch den König geladen hat, deckt sie die Intrige auf.

Abgesehen davon, dass Haman am Ende ohne ein Wort des Bedauerns gehenkt wird, ist das eine faszinierende Geschichte. Es geht um das Selbstbewusstsein von Frauen und die Art, wie sie geschickt Einfluss nehmen. Das beginnt schon damit, dass des Königs erste Frau, Waschti, sich weigert, bei einem Festgelage »ihre Schönheit zu zeigen«. Sie wird verstoßen. Mordechai, ein jüdischer Mann, bringt seine Nichte Esther ins Spiel. Und siehe da, der König verliebt sich in sie.

Der Text und die Bibelarbeit haben mich beeindruckt. Meine jüngste Tochter wurde auf den Namen Esther getauft.

MARGOT KÄSSMANN

## SCHULD, REUE UND VERGEBUNG

*Zu meinen Lieblingsgeschichten* der Bibel gehört die sogenannte »Nathan-Parabel« (2 Sam 12,1–7). Der Prophet Nathan kommt zu König David und erzählt ihm die Geschichte vom reichen Mann mit den vielen Schafen, der, als er einen Gast bekommt, dem armen Mann sein einziges Schaf wegnimmt, um es zu schlachten. Als David diese Geschichte hört, gerät er in großen Zorn über das Unrecht des Reichen gegenüber dem Armen, er fordert des Reichen Tod. Auf Davids Zornesausbruch hin sagt Nathan das entlarvende Wort: »Du bist der Mann!« Die moralische Empörung des Königs schlägt auf ihn selbst zurück.

47

Davids darauffolgendes Sündenbekenntnis, seine Buße und Gottes Strafe machen deutlich: Auch der König Israels selbst, und sei er noch so groß und mächtig, hat das Recht der Armen zu schützen und zu achten. Wer diese tiefe Verpflichtung verletzt, wird von Gott zur Rechenschaft gezogen. Ich empfinde Bewunderung gegenüber dem Mut des Propheten, der dem mächtigsten Mann im Land die Wahrheit ins Gesicht sagt. Aber ich empfinde auch großen Respekt vor David, weil er versteht und Buße tut. Mein jüngster Sohn heißt Nathan. So sehr hat diese Geschichte meine Frau und mich beeindruckt.

LANDESBISCHOF HEINRICH BEDFORD-STROHM,
EKD-Ratsvorsitzender, München


## VON DEN TALENTEN

*Die Geschichte kenne ich* seit meinen Kindertagen. Sie hat mich anfänglich zutiefst empört und verstört: Ein Gutsherr wollte außer Landes gehen. Er rief seine Knechte zu sich, und übergab ihnen sein Hab und Gut. Dem einen gab er fünf Talente, dem anderen zwei und dem dritten eines. Dann reiste der Gutsherr ab. Der erste Knecht investierte seine fünf Talente und gewann fünf weitere hinzu. Ähnlich der zweite Knecht. Er investierte seine beiden Talente und gewann zwei weitere hinzu. Der dritte Knecht aber vergrub sein Talent in der Erde.

Den ersten und zweiten Knecht lobte der Gutsherr nach seiner Rückkehr: »Recht so, ihr seid gute und treue Knechte!« Da trat der Knecht mit dem einen Talent heran und sprach: »Herr, ich habe dich kennengelernt. Du bist ein harter Mensch. Du erntest, wo du nicht gesät hast, und sammelst, wo du nicht ausgestreut hast. Da beschlich mich Furcht. Ich ging hin und versteckte dein Talent in der Erde. Sieh her, da hast du das Deine.« Sein Herr aber schalt ihn: »Du böser und säumiger Knecht! Hättest du das Geld bei den Bankleuten angelegt, hätte ich das Meine samt Zinsen holen können. Nehmt ihm das Talent weg und gebt es dem, der die zehn Talente hat: Denn jedem, der hat, dem wird gegeben. Wer aber nicht hat, dem wird auch das, was er hat, genommen. Und den nichtsnutzigen Knecht werft hinaus in die äußerste Finsternis!« (nach Mt 25,14 – 30 und Lk 19,12 – 27)

Ich weiß nicht mehr genau, wo und wann ich diese Geschichte zum ersten Mal hörte, vermutlich im Kindergottesdienst. Ich weiß aber noch sehr genau, wie sehr sie mich beschäftigt, ja beunruhigt hat. Ungerecht und herzlos fand ich den Gutsherrn. Ungerecht, weil er seinen Knechten unterschiedlich große Knecht das Wenige, das er ihm gegeben hatte, wegnahm und ihn verstieß. Mir tat der dritte Knecht leid. Er hatte das ihm anvertraute Geld sorgfältig verwahrt und es seinem Herrn zurückgegeben, als dieser es zurückforderte. Was war daran Schlimmes?

Inzwischen bin ich älter und weiß, in der Geschichte geht es weniger um den Gutsherrn als um die Knechte. Immer wird es Menschen geben, die in mancher Hinsicht besser dastehen als wir. Die Frage ist, wie lässt es sich damit leben? An diesem Punkt rücken die Knechte ins Blickfeld. Die ersten beiden ergreifen ihre Chancen. Sie gehen Risiken ein und machen etwas aus dem, was ihnen gegeben ist. Der dritte Knecht ist anders. Er traut sich nichts zu. Er hat Angst, sich zu verspekulieren. Er vergräbt sein Talent. In seiner Angst und seinem Sicherheitsbedürfnis lässt der dritte Knecht sein Talent brachliegen und verpasst die Lebenschancen, die ihm gegeben sind. Gerade weil er auf Nummer sicher geht, verliert er alles. Man muss sein Leben wagen. Wer sein Talent vergräbt, verliert es mit Sicherheit.

So gesehen ist die Geschichte von dem Gutsherrn und seinen Knechten nicht empörend und verstörend, wie ich als Kind meinte. Sie kann uns Mut machen. Sei wie der erste und der zweite Knecht. Wie groß auch das Maß deiner Talente, gehe hin und setze es ein. Du wirst sehen, du wirst weitere hinzugewinnen.

DR. JENS-PETER GREEN, Oldenburg

## BIBEL IN GERECHTER SPRACHE

*Ich besitze mehrere Ausgaben,* meine Lieblingsausgabe ist aber seit ihrem Erscheinen die Bibel in gerechter Sprache, für deren Fertigstellung ich damals auch gespendet habe.

Besonders habe ich in dieser Woche über Römer 12 nachgedacht, weil ich für eine Andacht einen passenden Text gesucht habe.

HEIDRUN HILDENHAGEN

## BIBEL 2.0

*Meine Bibel hat viele farbige Markierungen.* An zahlreichen Versen stehen Termine und kleine Bemerkungen mit Bleistift. Auf dem Umschlag findet sich der abgewandelte Slogan von intel: Jesus inside. Ich mag meine Bibel sehr. Aber seit 2013 besitze ich einen Tablet-Computer. Seitdem benutze ich eine Bibel-App. Viele Verse sind nach dem oben genannten farbigen System markiert. Bemerkungen habe ich in einer Cloud gespeichert, weit weg von mir. Werde ich es für den Rest meines Lebens abrufen können? Wie gut, dass ich nicht an die Bibel glaube, so sehr ich sie mag. Ich glaube an Christus, das lebendige Wort Gottes. Er hat versprochen, immer bei mir zu sein, und Er hat es bewiesen.

INGETRAUD STETTER

# FAMILIEN-geschichten

*Bibeln können ein richtiger Familienschatz sein.*
Sie werden oft von Generation zu Generation vererbt,
manche im wertvollen Einband. In einigen ist sogar
ein Stammbaum vorgesehen, in den eingetragen
wird, wer die Bibel an wen vererbt hat. Ein solches
Erbstück in der Hand zu halten und zu wissen, schon
meine Urgroßeltern hatten dieses Buch in der Hand,
das ist etwas ganz Besonderes.

An den Familiengeschichten wird besonders
deutlich, dass die Bibel ein Buch ist, das von den
Erfahrungen unserer Väter und Mütter im Glauben
mit Gott erzählt. Sie ist nicht von Gott diktiert, sie
tradiert den Glauben. Und wir erzählen ihn weiter
durch unsere Geschichten mit Gott.

Wer das begreift, hat auch keine Probleme damit,
die Bibel historisch-kritisch zu lesen. Das bedeutet,
zu verstehen, wann die jeweiligen Bücher unter welchen historischen Umständen entstanden sind und
wer die Autoren (wohl kaum Autorinnen) gewesen
sein könnten. Für mich war das nie eine Anfrage an
meinen Glauben oder an die Autorität der Bibel, sondern eher Ermutigung, Vernunft und Verstand im
Glauben nicht auszuschalten. Es ist spannend, wahr-
zunehmen, dass im ersten Buch Mose zwei Schöp-
fungsgeschichten überliefert sind. Eine erzählt, wie

Gott aus Chaos Ordnung schafft, die andere, wie die Menschen die paradiesischen Zustände verlassen müssen, weil sie Gottes Regeln brechen. Oder: Die vier Evangelien sind später entstanden als die Briefe des Apostels Paulus, mit ihm sind wir am nächsten dran an der Geschichte des Jesus von Nazareth. Das Buch Hiob durchbricht den so genannten Tun-Ergehens-Zusammenhang, indem klar wird: Nicht Fehlverhalten führt zu Leid im Leben, eine Botschaft, die Jesus ganz klarmachen wird. Gott selbst kennt Ohnmacht und schenkt uns die Kraft, mit dem Leid zu leben.

Genau davon sprechen auch viele Familiengeschichten mit der Bibel. »Sei getrost und unverzagt«, diese biblische Zusage geben sie weiter.

MARGOT KÄSSMANN

## MEINE BIBEL AUS ALGIER

*Meine Bibel* bekam ich 1988 von meinen Eltern geschenkt. Das ist insofern ungewöhnlich, weil meine Eltern zwar beide getauft, aber in der DDR-Zeit aus der Kirche ausgetreten sind. Und weil sie die Bibel im Buchladen einer christlichen Gemeinde in Algier erwarben, den man in dieser Stadt damals wie heute wohl nicht vermuten würde. In Algerien lebten und arbeiteten meine Eltern mehrere Jahre.

Ich habe den kleinen Laden später besucht, als ich nach der politischen Wende meine Ferien in Algier verbrachte. Viele Jahre später ließ ich mich taufen, mein atheistischer Vater war nicht dabei. Umso kostbarer ist mir dieses Geschenk von ihm.

**CORNELIA WOLFF, Dresden**

## FAMILIENCHRONIK

*Meine Bibel* ist aus dem Jahre 1880 und gehörte meinem Ururgroßvater Ludwig (1869–1962), der sie meiner Ururgroßmutter Minna (1884–1973) vererbte. Sie gab sie weiter an ihre Tochter, meine Urgroßmutter Adele (1913–1999), die heute, am 31. Mai 2016 103 Jahre alt geworden wäre. Von ihr ging die Bibel an meine Oma Margot (1936–1978), dann an meine Mutter und heute halte ich das gute, 136 Jahre alte Stück in Ehren und werde unsere Familienbibel an meinen Sohn weitergeben. Hinzu kommt, dass alle meine Vorfahren ihren Namen selbst in den Buchdeckel der Bibel geschrieben haben.

SASCHA FILPE, Hannover

## URGROSSMUTTERS NEUES TESTAMENT

*Von meinem Großvater* habe ich vor Jahren ein Neues Testament von 1869 bekommen, das schon seiner Mutter gehörte. Mit seiner handlichen Größe kann man es in einer Handtasche gut mitnehmen. Dass darin häufiger gelesen wurde, merkte man seinem brüchigen Zustand an. Besonders eine Seite war so eingerissen und dünn geworden, dass ein Restaurator sie beim Neubinden des Buches durch eine weiße Leerseite ersetzt hat. Da mich diese Leerseite störte, habe ich den fehlenden Text aus einer anderen Bibel auf die passende Größe kopiert und eingeklebt. Es ist der Bericht vom Besuch der schwangeren Maria bei ihrer ebenfalls schwangeren Verwandten Elisabeth mit der schönen Stelle: »Und es begab sich, als Elisabeth den Gruß Marias hörte, hüpfte das Kind in ihrem Leibe.« (Lk 1,41) Und Elisabeth ruft freudig aus: »Denn siehe, als ich die Stimme deines Grußes hörte, hüpfte das Kind vor Freude in meinem Leibe.« (Lk 1,44)

Inzwischen ist mir klar, warum meine Urgroßmutter wahrscheinlich gerade diese Worte so gern und sicherlich immer wieder gelesen hat. Sie war in der Alfelder Gegend Hebamme. Damals hat sie auf den Dörfern die Frauen noch mit Pferd und Wagen besucht. Vielleicht hat sie ja der einen oder anderen werdenden Mutter diese Worte bei passender Gelegenheit vorgelesen. Es ist sicher ein schöner Moment, wenn ein Kind im Leib hüpft und damit anzeigt: Es lebt! Auf der eingefügten Rückseite ist dann von der Freude zu lesen, als Elisabeth ihren Sohn zur Welt brachte: »Und ihre Nachbarn und Verwandten hörten, dass der Herr große Barmherzigkeit an ihr getan hatte, und freuten sich mit ihr.« (Lk 1,58) Welch ermutigende Sätze für eine Hebamme! Ich stelle mir jedenfalls vor, wie meine Urgroßmutter ihr Neues Testament mit sich getragen hat, so wie ich seit über fünfzig Jahren mein noch kleineres Exemplar meistens in der Hosentasche mit mir trage.

**PASTOR I.R. DIETER WITTENBORN, Springe**

## DIE FLUCHT ÜBERSTANDEN

*Meine Mutter,* Annelise Rosenthal, war evangelische Diakonieschwester in Berlin. Das heißt, eigentlich kam sie aus Pommern, aus Pätzig. Ihr Vater starb, als sie siebzehn Jahre alt war, ihre Mutter ist irgendwann und irgendwo im Winter 1944/45 auf der Flucht ums Leben gekommen. Meine Mutter war mit einundzwanzig Jahren alleine, musste flüchten und konnte nur wenig mitnehmen. Ihre Bibel, die sie 1937 zur Konfirmation von der Familie von Wedemeyer bekommen hatte, war unter den wenigen Dingen. Sie las viel darin, betonte immer wieder, dass ihr der Glaube Halt gegeben hatte.

Nach ihrem Tod im Jahr 2000 erbte ich diese Bibel, die starke Gebrauchsspuren aufwies. 2015 wurde meine Patentochter und Nichte konfirmiert. Tatjana hat ihre Großmutter leider nicht mehr kennengelernt. Ich schenkte ihr die Bibel ihrer Großmutter zur Konfirmation; sie möchte später eventuell Theologie studieren. So wie diese Bibel meine Mutter durch glückliche und schwere Zeiten begleitet hat, begleitet sie heute ihre Enkeltochter durch ihre glücklichen und schwierigen Zeiten.

**BETTINA KORB**, Weichs

## WIESGENS HUNDERTSTER GEBURTSTAG

*Die Familienbibel* war das wichtigste Buch meiner Kindheit während der kargen Kriegsjahre. Die mit Stichen des Malers Schnorr von Carolsfeld ansprechend ausgestattete Konstanzer Ausgabe der Lutherbibel hatte mein Urgroßvater seinem Sohn zur Eheschließung geschenkt. Wissbegierig verglichen wir Kinder die Bilder mit den zugehörigen Textpassagen und griffen zuweilen zu unseren Buntstiften, um den Garten Eden zu kolorieren oder das abschreckende Gesicht des Teufels unkenntlich zu machen.

Wiesgen, meine Mutter aus der plattdeutschen Ecke Kurhessens, verband mit dem Erbstück eine traurige, zutiefst erschütternde Erfahrung. Im Alter von sieben Jahren verlor sie die geliebte Mutter. Ihre Kindheit war von Sorgen und Sehnsüchten geprägt, da sie in Ersatzfamilien unterkam, bis sich der Patenonkel ihrer annahm. Eine Seite am Ende der Jesaja-Schrift hatte Wiesgen mit einem getrockneten Blatt der Weißwurzstaude markiert. Sie erklärte uns, dass sie das dort fett hervorgehobene Bibelwort »Ich will dich trösten, wie einen seine Mutter tröstet« (Jes 66,13) als Linderung ihres schweren Verlusts empfunden hatte. Sie wünschte sich, dass wir diesen Spruch für ihre Trauerrede vorschlagen sollten, wenn es einmal so weit wäre.

Dieser Bitte kamen wir nach. Als Wiesgen verstorben war, berichtete ich dem Pastor vom Schicksal und Leiden der früh Verwaisten. In seiner Predigt sprach er einfühlsam von der Zuversicht der Verstorbenen, dass Gott sich unser erbarmt wie eine Mutter sich ihrer Kinder.

Dieses Jahr zu Weihnachten jährt sich Wiesgens hundertster Geburtstag. Meine Angehörigen werde ich dann an die schwere Kindheit meiner Mutter, aber auch an die Liebe und Fürsorge erinnern, die sie uns allen geschenkt hat. Meine Enkelkinder sind mit der ehrwürdigen Bilderbibel bereits vertraut, so dass sie die am Gedenktag aufgeschlagene Seite mit den trostreichen Worten zu würdigen wissen.

**ALFRED SCHUBERT, Steinhude**

## SAMMELN STATT WEGWERFEN

*Die schwerste und aufwendigste Bibel* in meinem Besitz ist die Hochzeitsbibel meiner Eltern. Wunderschön in geprägtes Leder gebunden und mit Goldschnitt versehen, wäre sie einst geeignet gewesen, uns Kindern das Gefühl von Kostbarkeit zu vermitteln. Die deutlichen Spuren des Bombenangriffs ließen uns dagegen begreifen, dass auch das Kostbare vergänglich ist.

Unsere Hochzeitsbibel ist in Format und Aufmachung etwas bescheidener, wirkt aber dennoch edel. Obwohl sie fast fünfzig Jahre in unserem Besitz ist, weist sie kaum Benutzerspuren auf. Der Goldschnitt glänzt, als wäre er erst gestern aufgetragen worden. Ganz anders dagegen sieht meine Schulbibel aus. Mit ihr wurde der eine oder andere Kampf mit einem Klassenkameraden ausgefochten. Gut, dass das unser Pfarrer und Religionslehrer im Internat nicht mitbekam. Er flippte schon aus, als er mich dabei erwischte, wie ich seine Erzählungen in meiner Bibel zu illustrieren begann. Mit harter Strafe versuchte er, mir die Ehrfurcht vor der Heiligen Schrift einzubläuen. Meine Konfirmation verhalf mir zu einer neuen Bibel und damit zu einer Überraschung: Im Vergleich entdeckten wir Pubertierenden, dass der Schulbibel interessante Stellen fehlten. Dazu gehörten die Sünden des trunkenen Noah oder Onans Vergehen.

Weitere Bibeln kamen im Laufe der vielen Jahre dazu, einige aus Nachlässen. Irgendwie hat die harte Erziehungsmaßnahme doch gewirkt: Ich kann Bibeln nicht wegwerfen. Weitergeben hat meist auch keinen Sinn, denn die Frakturschrift und Luthers Ausdrucksweise erschwert vielen das Lesen. Irgendwann erhielt ich mit der Familienbibel meiner Urgroßeltern ein erschütterndes Dokument. Sie fungierte unter anderem als Familienstammbuch mit mehreren Einträgen wie: »Gott der Herr hat uns ein Mädchen geschenkt. Es wurde auf den Namen Elsbeth getauft. – Gott der Herr hat es gefallen, unsere Elsbeth im vierten Lebensjahr wieder zu sich zu rufen.« Insgesamt haben von den zwölf Kindern nur vier das Erwachsenenalter erreicht.

JOACHIM SCHEIL

*Die Mutter war gestorben* und ihre Wohnung musste geräumt werden. Ihrem eilig angereisten Sohn, der aussortierte, was noch zu brauchen war, fiel ein abgegriffenes Buch in die Hand. Die Bibel. Die Mutter hatte offensichtlich in ihren letzten Tagen noch darin gelesen. Was sollte der Sohn damit anfangen? Er hatte keine Verwendung dafür, spürte aber andererseits eine Hemmung, sie zu entsorgen. Die Bibel enthalte keine Leseworte, sondern Lebensworte, hatte sein Pfarrer im Konfirmandenunterricht einmal gesagt. Lebensworte wirft man nicht einfach weg.

Eingelegte Lesezeichen führten ihn auf Seiten, auf denen bestimmte Verse angestrichen waren. Manchmal standen Daten am Seitenrand, viele aus den Jahren des Krieges. Der Hochzeitsspruch war hervorgehoben, die Taufsprüche der Kinder, auch sein eigener – er hatte ihn fast vergessen. Manche Randbemerkungen ließen Rückschlüsse auf wichtige Ereignisse im Leben der Mutter zu, es war ein Dokument ihres Lebens, Lebensworte im doppelten Sinn. Auf den ersten Seiten stand eine Widmung des Pfarrers, der die Eltern getraut hatte. Bilder vergangener Zeiten wurden lebendig: Der Sohn erinnerte sich, wie die Kirchenvorsteher in Frack und Zylinder zu den Abendmahlgottesdiensten gingen. Er sah die

Mutter, wie sie zu Hause mit dem Essen auf ihn wartete. Etwas wie Heimweh ergriff ihn, Tränen stiegen auf. Seine eigene Geschichte wurde in ihm lebendig, geweckt durch das abgegriffene Buch der Lebensworte.

REINHOLD BERNHARDT, Grenzach-Wyhlen


## DIE BIBEL IN DER SPEISEKAMMER

*Es war in der unmittelbaren Nachkriegszeit,* etwa Weihnachten 1945/1946, als meine Mutter fragte: »Was macht denn die Bibel in der Speisekammer?« Den Grund erfuhr sie am Heiligabend: Wir vier Kinder wollten am Heiligabend die Weihnachtsgeschichte aus dem Lukasevangelium vortragen. Gisela, unsere Jüngste, konnte weder lesen noch schreiben. Also begab ich mich mit ihr und der Bibel in die Speisekammer und lernte mit ihr die Worte des Verkündigungsengels »Siehe, ich bringe euch große Freude…« auswendig. Unsere Überraschung mit dem Vortrag des Weihnachtsevangeliums am Heiligabend war sehr gelungen.

ERIKA HOFFMANN, Eschwege

*Meine Bibel, das Neue Testament,* fand mein Vater im Krieg am Strand von Dünkirchen. Sie war auf der Flucht der britischen Truppen zurückgelassen worden. Obwohl mein Vater nur schlecht Englisch sprach, hat ihn diese Bibel durch den Krieg begleitet. Leider stand kein Name in der Bibel, sonst hätte mein Vater versucht, den Besitzer oder seine Angehörigen ausfindig zu machen.

VIOLA JUNG, Frankfurt

## EINE BIBEL KOMMT NACH HAUSE

*»Die Heilige Schrift* – mit Bildern von Schnorr von Carolsfeld« steht auf dem Buchrücken. »Schloß- und Domkirche zu Merseburg« ist auf der ersten Seite zu lesen, denn diese Bibel ist zugleich eine Trauurkunde. Am 14. März 1913 sind dort der Bäcker Ernst Paul Wenzel und die Jungfrau Olga Böhme getraut worden, meine Großeltern. Als Trauspruch wurde ein Spruch aus dem Korintherbrief gewählt: »Die Liebe höret nimmer auf« (1 Kor 13,8). Aus der Ehe meiner Großeltern gingen fünf Kinder hervor. Als am letzten Aprilsonntag 1945 das Wohnhaus meiner Großeltern in einem mitteldeutschen Industriegebiet bombardiert wurde, lag die Bibel auf dem Nachttisch meiner

Großmutter. Wie durch ein Wunder (oder Gottes Fügung?) blieb der Nachttisch als einziges Möbelstück des Schlafzimmers unbeschädigt. Alles andere war zertrümmert. Die Bibel hatte zwar ein paar kleinere Kratzer abbekommen, wurde aber in den Fünfzigerjahren restauriert und wie ein Augapfel gehütet.

Als meine Großmutter 1968 starb, nahm meine Tante aus Cuxhaven die Bibel wie selbstverständlich als Erbteil mit. In dieser Zeit war nicht daran zu denken, dass ich, die ich in der DDR lebte, sie jemals wieder in den Händen halten sollte. Aber mir bedeutete diese Bibel viel, hatte ich doch meine Kindheit bei den Großeltern verbracht und bin mit diesem »Mythos des Überlebens« groß geworden. Meine Eltern haben 1949 den Trauspruch meiner Großeltern auch als den ihren gewählt und als ich 1971 heiratete, stand er für mich und meinen Mann ebenfalls fest. So fest, dass er auch auf seinem Grabstein steht, er starb 1978.

Durch einen Glücksfall der Geschichte kam es zur Wiedervereinigung der beiden deutschen Staaten und damit auch zur Familienvereinigung. 2011 starb meine Tante. An ihrem Bett lag unsere Bibel. Nach der Trauerfeier überreichte mir der Pfarrer das Familienerbstück, denn er hatte von meinem innigen Wunsch erfahren, die Bibel wieder »in die alte Heimat heimzuholen«.

**HELGA SCHARF, Leipzig**

*Als wir den neunzigsten Geburtstag* meines Vaters gefeiert haben, sind wir auf eine Bibelgeschichte gestoßen, die mein Vater als Kriegsgefangener in Russland erlebt hat und uns wie folgt erzählte:

»In Russland erlebte ich am 9. Mai 1945 als junger, gerade achtzehnjähriger Soldat das Kriegsende und kam als Kriegsgefangener in ein Sammellager bei Gorki, fünfhundert Kilometer hinter Moskau. Dort wurde jeder zuerst einmal »gefilzt«.

Als der Wachposten die Taschenbibel in meinem Handgepäck entdeckte, blätterte er darin. Sofort fielen ihm die Israel-Landkarten hinten in der Bibel auf. Er kannte sich mit Karten nicht aus, deshalb schloss er daraus, dass es ein »Fluchtbuch« sei. Mit Gesten versuchte ich ihm klarzumachen, dass es ein Gebetbuch ist – doch das half alles nichts, er nahm mir die Bibel weg.

Ich beschwerte mich anschließend beim Lagerkommandanten und bat darüber hinaus einen gefangenen deutschen General um Rat und Hilfe. Doch die Mühe war vergebens, traurig musste ich mich mit dem Verlust abfinden.

Irgendwann wurde das Sammellager aufgelöst und alle Gefangenen in fünf verschiedene Lager im Umkreis von fünfzig Kilomentern verteilt. Eineinhalb Jahre später, kurz vor Weihnachten 1946, musste ich meine einzigen inzwischen durchgelaufenen Schuhe zum Lagerschuster bringen und war während der Reparatur im Lagerdienst eingeteilt. Abends, beim Abholen der Schuhe sah ich, wie der Schuster in einem Buch las. Das fiel mir sofort auf, denn es gab im Lager weder Bücher noch Zeitungen. Augenblicklich erkannte ich, dass das Buch meine Bibel war, die mir am 9. Mai 1945 abgenommen wurde. Auf meine Frage, woher er dieses Buch erhalten habe, sagte er: Er habe diese Buch noch keine fünf Minuten in der Hand – ein rumänischer Jude habe es unter verschiedenen Akten gefunden. Und da er damit nichts anfangen konnte, habe er es ihm hingeworfen. Für zehn Rubel verkaufte er mir die Bibel – und ich habe sie noch bis zum heutigen Tag!

»Was bei den Menschen unmöglich ist, …« – Die Taschenbibel hatte den Weg in das »richtige« Lager gefunden. Sie war zur »richtigen« Zeit am »richtigen« Ort. Sie war dahin gekommen, obwohl es dort keine Bücher oder Zeitungen geben durfte. Das dünne Papier war bei vielen im Lager begehrt, ideal, um sich Zigaretten mit russischem Machorkatabak zu drehen. Und doch bekam ich meine Bibel wieder.«

»… das ist bei Gott möglich.« – Erst viel später verstand ich diese Begebenheit. Und bis heute lerne ich, alle Umstände und Begegnungen nicht als Zufall, sondern als Führungen Gottes zu begreifen, in denen Jesus mich liebevoll führt, zurechtweist, erzieht – und tröstet, wenn es mir nicht gut geht. Ich lerne daraus: Hinter allem Weltgeschehen steht ein Plan Gottes und niemand kann diesen durchkreuzen! *Ernst Hettinger*

ARNOLD HETTINGER, Brackenheim

## UNBÄNDIGE FREUDE

*Meine Mutter, Christa Müller,* geboren 1928, erzählte eines Tages von ihrer Kinderbibel, an die sie wunderbare Erinnerungen hatte und in der sie als Kind immer gern gelesen hatte. Die Bibel war wunderschön und reich bebildert, mit kolorierten Zeichnungen von Schnorr von Carolsfeld (1794 – 1872), einem Maler der Romantik.

In den Kriegswirren musste meine Familie ihr Haus in Remscheid verlassen, weil dort russische Soldaten einquartiert wurden. Vieles musste zurückgelassen werden: Möbel, Kleidung, liebgewordene Erinnerungen – und die Kinderbibel meiner Mutter. Als sie nach Jahren in ihr Haus zurückkehren durften, war alles weg oder zerstört. Aber die Erinnerung an die Bibel war ihr geblieben.

Jahrzehnte später: Mein Mann und ich waren auf der Suche nach einem passenden Geburtstagsgeschenk für meine Mutter und durchforsteten das Internet. Der Gedanke, solch eine Bibel zu suchen ließ uns nicht los und wir wurden in einem Antiquariat in Thüringen fündig. Die Bilder des Schnorr von Carolsfeld waren zwar nicht koloriert, dafür war es die Familienbibel einer Familie Müller!

Man kann sich die Freude meiner Mutter kaum vorstellen, wir haben sie selten so strahlen sehen! Einen besonderen Clou haben wir uns noch einfallen lassen: Ein Nachfahre des Malers hat uns eine persönliche Widmung für meine Mutter in die Bibel geschrieben. Das hat sie ihr umso wertvoller gemacht.

Meine Mutter ist leider vor einigen Jahren gestorben. Die Bibel ist nun in unseren Händen und wir freuen uns immer noch ganz spitzbübisch darüber, wie wir meiner Mutter mit einer alten Bibel eine solche Freude machen konnten.

**CHRISTIANE SOLBACH**

## DIE BIBEL EINER LANDGRÄFIN

*Mein Ururgroßvater Karl Brunner* (1798–1864) hatte als junger Pfarrer in Philippstal an der Werra seine erste Pfarrstelle. Im dortigen Schloss residierten in jener Zeit die Landgrafen von Hessen-Philippsthal, eine Nebenlinie des landgräflichen Hauses Hessen-Kassel. Von jenem Karl Brunner stammt eine Bibel in der seinerzeit modernen Neuübersetzung von Leander van Eß (Erscheinungsjahr des Alten Testaments 1822, des Neuen Testaments 1819). Ein handschriftlicher Eintrag meines Ururgroßvaters verrät, wie diese Bibelausgabe in unseren Familienbesitz gekommen ist:

»Diese Bibel ist mir am 30. Aug. 1837 von Ihrer Hochfürstlichen Durchlaucht der Frau Landgräfinn Caroline von Hessen=Philippsthal zum Andenken an die am 13. August höchstselig entschlafene Prinzessin Victoria von Hessen=Philippsthal gnädigst verehret worden.«

Die Gestaltung der Trauerfeier durch Karl Brunner hat wohl die Landgräfin zu diesem Geschenk der aufwendigen, mit zahlreichen kolorierten Stahlstichen versehenen Ausgabe veranlasst.

Leander van Eß (1772–1847) war ursprünglich Benediktiner in Kloster Marienmünster bei Paderborn. Nach der Auflösung des Klosters 1802 arbeitete er zunächst als Pfarrer und wurde 1812 Professor an der Universität Marburg. Seine Bibelübersetzung des Neuen Testamentes landete zunächst auf dem Index der katholischen Kirche. Erst nach textlichen Änderungen in den zwanziger Jahren des 19. Jahrhunderts wurde sie endgültig freigegeben.

Neben der Bibel besitze ich noch ein anderes Andenken an den Pfarrhaushalt Karl Brunners: Am 10. Juni 1835 wurde meine Urgroßmutter Maria Theresia Brunner geboren. Als Kind von etwa sechs oder sieben Jahren war sie zusammen mit anderen Kindern des Dorfes ins Schloss zum Kindergeburtstag eingeladen. Zu Hause berichtete sie, dass sie dort etwas so Schönes erlebt habe, wie sie es im ganzen Leben noch nicht gesehen hätte: »Es gab Kakao aus lila Tässchen mit goldenem Rand!« Am nächsten Tag erschien eine Bedienstete des Schlosses und überreichte mit einem schönen Gruß von der Frau Landgräfin ein Päckchen mit einem lila Kakao-Tässchen, »weil die kleine Theres' doch so großen Spaß an diesem Geschirr gehabt hätte«. Dieses hübsche Tässchen ist bis heute in unserem Besitz und wird von Generation zu Generation als sogenanntes »Landgrafentässchen« weitergegeben.

**DR. WILHELM LENDLE, Bad Soden am Taunus**

## SIE ERZÄHLT VON ZERSTÖRUNG UND WIEDERAUFBAU

*Als Dreiundsechzigjährige* besitze ich mehrere Bibeln. Aber die Bibel, von der ich erzählen möchte, fand mein Großvater in einem Trümmerfeld nach einem Bombenangriff auf Offenbach. Auch sein Haus war komplett zerstört worden. Er nahm die Bibel als Hoffnungszeichen: Gott erfüllt nicht alle Wünsche der Menschen, aber das Gottvertrauen, das meine Großeltern hatten, führte dazu, dass Großvater ein neues Haus erbaute. Diese Bibel erzählt bis heute von Zerstörung und Wiederaufbau, nicht nur von Gebäuden.

**SABINE SCHNEIDER, Offenbach am Main**

*Meine Bibel* ist schon sehr, sehr alt. Wie alt, das weiß ich gar nicht genau, die Bibel selbst gibt dazu keine Jahreszahl preis. Doch stammt die Widmung von meiner Omi Elisabeth aus dem Jahr 1948. Sie nimmt Bezug auf ihre Eltern. Die Bibel hat also schon einen langen Weg und auch eine Flucht während des Zweiten Weltkrieges mitgemacht. Von Demmin, über Goch, Komotau und St. Tönis wird sie nun bei uns in Moers in Ehren gehalten. Die Bibel und der Glaube können also Kriege und schwere Situationen überstehen und sind immer an unserer Seite.

**DR. KATHARINA KÖHLER-BRAUN, Moers**

## GLAUBENSMUT UND TREUE
## ZUM EVANGELIUM

*Da liegt sie also* – im Bücherregal in der Wohnung meines Namensvetters Erich Zachhuber in Wien. Der dickleibigen, großformatigen Lutherbibel sieht man ihr Alter an.

Und sie ist, mit ihren Wasserflecken und Brandspuren Zeugnis eines bewegten Schicksals ihrer Besitzer, der Zachhubers in Oberösterreich, und auch der Evangelischen im Österreich der Reformations- und Gegenreformationszeit allgemein.

Erich Zachhuber erzählte mir von diesem Schicksal. Wir sind brieflich miteinander in Kontakt gekommen. Als er erfuhr, dass ich aus einer Gegend in der Slowakei (bis 1918 ein Teil Ungarns) stammte, in der bis 1945 viele Deutsche mit österreichischen Wurzeln lebten, war er überzeugt, dass wir verwandt sein müssten. Im Erzherzogtum Österreich wurden nämlich in der Zeit der Gegenreformation die Evangelischen, die in vielen Teilen des Landes die überwiegende Mehrheit bildeten, ab etwa 1625 vor die Wahl gestellt, in die katholische Kirche zurückzukehren oder das Land zu verlassen. Und da sei, wie er herausbekommen hatte, auch aus der Bauernfamilie Zachhuber, die in der Gegend von Bad Ischl einen großen Hof besaß, der eine Bruder, um seinen evangelischen Glauben zu bewahren, mit seiner Familie die Donau abwärts nach Ungarn ausgewandert. Der andere war, des Besitzes wegen, wieder katholisch geworden. Die Zurückgebliebenen blieben aber – wie viele andere – »Geheimprotestanten« und gaben ihren Glauben an die Nachkommen weiter.

Das eindrückliche Symbol dafür ist die alte Bibel: Sie wurde 1574 gedruckt, von einem Vorfahren in Frankfurt erworben und in die österreichische Heimat gebracht. Als der Besitz nicht nur von reformatorischem Schrifttum, sondern auch von deutschsprachigen Bibeln verboten war, wurde sie in einem ausgetrockneten Brunnen versteckt und heimlich zur Familienandacht hervorgeholt. So hat sie mehr

als 150 Jahre überstanden, bis 1780 das Toleranz-
patent Kaiser Josephs II. den Protestanten die, wenn
auch eingeschränkte, Religionsausübung erlaubte.
Nun konnten auch die Zachhubers ihre Bibel wieder
offen ins Regal legen, wo sie den Nachgeborenen,
auch mir, von Glaubensmut und Treue zum Evangelium erzählt.

**GERHARD ZACHHUBER, Magdeburg**

## DIE SPERRMÜLL-BIBEL

*Als Studentin wohnte ich* Ende der 1970er-Jahre in
Frankfurt am Main in einem Studentenwohnheim.
Ein Mitbewohner, der sich für Flohmärkte und alte
Sachen aller Art interessierte, bot mir damals eine
Bibel zum Kauf an. Er hatte sie im Sperrmüll in
Frankfurt Bockenheim gefunden. Mir gefiel das gut
erhaltene Buch und ich zahlte gern die geforderten
fünf D-Mark dafür. Mich rührte diese Bibel, denn
damals wie heute war und ist es mir unverständlich,
wie sie in den Sperrmüll geraten konnte. Wie schön,
dass sie dort entdeckt und gerettet wurde.

Diese Bibel begleitet mich schon einige Jahrzehnte und ich hoffe, dass sie auch in den folgenden
Generationen unserer Familie ihren Platz behält.
Auch die Widmung und die wenigen Angaben in
dem Buch machten – und machen – mich immer
wieder neugierig. Welchen Wert hatte die Bibel für

das Hochzeitspaar im Jahr 1910? Wurde sie gelesen? Wo stand sie? Warum wurde sie entsorgt? Wurde sie jemals vermisst? Würde sich ein Nachkomme der Familie darüber freuen, diese alte Bibel, die so wenig von ihren ehemaligen Besitzern preisgibt, wiederzubekommen? Fragen, die wohl nie beantwortet werden – und vielleicht auch gar nicht wichtig sind.

**CORNELIA REHME, Kelsterbach**

## WENIG BLIEB – ABER DIE BIBEL

*Schwester Ruth*, Diakonisse in Schwäbisch Hall, besitzt eine Bibel, die sie hütet. 1940 hat sie sie als Kinderkirchhelferin von ihrem damaligen Pfarrer als Geburtstagsgeschenk bekommen. Fünf Jahre später zog sie die Bibel als eines der wenigen noch zu rettenden Dinge aus den Trümmern ihres zerstörten Elternhauses. Bei einem Luftangriff im Februar 1945 wurde das Haus von Bomben getroffen. Zum Glück war zur Zeit des Angriffs niemand zu Hause. Durch eine Freundin erfuhr Schwester Ruth an ihrem Arbeitsplatz von dem Luftangriff. Zusammen mit ihrer Mutter eilte sie nach Hause, um zu retten, was noch zu retten war. Unter den Trümmern fand Schwester Ruth ihre Bibel und nahm sie mit. Sie versteht es als Fügung, dass sie gerade die Bibel in den Trümmern fand. Noch viele Jahre später hatte sie beim Lesen in der der »geretteten« Bibel den Schwefelgeruch in der Nase. Doch das hinderte sie nie daran, in ihr zu lesen – bis heute.

**SCHWESTER RUTH DÜRRICH/BÄRBEL KOCH-BAISCH,**
Pfarrerin Oberin, Schwäbisch Hall

## WISSENSDURST

*Nachdem meine Mutter* mit neunzig Jahren verstorben ist, komme ich nun nach und nach dazu, alles aus ihrem Haushalt zu sichten und zu sortieren. Bei den Büchern stoße ich auf meine alte Kinderbibel von Anne de Vries. Ich schlage sie auf und finde drei handgeschriebene Zettel meiner Mutter mit folgenden Notizen:

• die Erschaffung der Welt – alle sieben Tage in der Reihenfolge der Erschaffung aufgezählt,

• das Gedicht »Jungfrau, Mutter Gottes mein …«

• sowie eine Anleitung, wie in der Bibel bestimmte Texte zu finden sind, also die Einteilung in Altes und Neues Testament, Kapitel und Seitenzahl.

Die drei handgeschriebenen Zettel meiner Mutter machen diese Bibel zu einem wahren Schatz für mich und zeigen mir, dass sich meine Mutter für so viele Dinge interessiert hat und sie alles genau wissen wollte. So habe ich für sie im Alter von über achtzig Jahren noch das Buch »Frag doch mal die

Maus – Fragen zu Gott, der Welt und den großen Religionen« gekauft, um ihren Wissensdurst stillen zu können.

DOROTHEA SCHLOTTE, Hamburg

## IN GUTEN HÄNDEN

*Bis vor etwa drei Jahren* wusste ich nicht, dass es diese Bibel, von der ich erzählen will, in unserer Familie überhaupt gibt. Ich habe sie von meiner Cousine erhalten. Letztendlich landen alle Familienunterlagen bei mir, da der Rest der Familie dafür kein Gespür hat. Von meinem Vater und einem Onkel habe ich daher so ziemlich alles an Dokumenten – von der Geburt bis zum Tod. Somit wusste meine Cousine, dass die Bibel in gute Hände kommt, wenn sie sie mir übergibt.

»Erstbesitzer« waren meine Ururgroßeltern, die die Bibel zur Hochzeit bekommen hatten. Sie ist von Generation zu Generation weitergereicht worden. Meine Cousine und mein Cousin bilden inzwischen den »Ältestenrat« in unserer Familie, da der Rest der Verwandtschaft leider schon verstorben ist. Für etwa zwanzig Jahre war ich kein Mitglied der Kirche, erst mit vierzig trat ich wieder ein. Aber die Bibel nahm und nehme ich immer gern zur Hand – in Erinnerung an verstorbene Familienmitglieder.

UWE OCH, Münster

*Im Arbeitszimmer unseres Vaters* standen an allen Wänden Schränke mit Büchern: Theologische Fachbücher, aber auch einige literarische Kostbarkeiten waren dabei. Fasziniert war ich von den vielen alten Büchern, einige stammten aus dem Besitz unseres Urgroßvaters Georg Bertram, der von 1850 bis 1865 als Pfarrer in Drachhausen, heute Landkreis Spree-Neiße, wirkte. Zwischen den alten Büchern fiel mir ein abgenutzter Ledereinband auf: eine ganz besondere Bibel. Als ich sie in die Hand nahm, stutzte ich: Eine Ecke war verbrannt. Noch mehr irritierte mich, dass ich von dem dort Gedruckten nichts verstand: Es war eine mir völlig fremde Sprache. Aber vorrangig beschäftigte mich die verbrannte Buchecke: Wie konnte es passieren, dass etwa bis zur Mitte die Seiten angekohlt und verbrannt waren, während die andere Hälfte fast unversehrt geblieben war?

Das Buch war 1824 in Berlin gedruckt worden, der Urgroßvater, dessen Gemeinde in der Niederlausitz, dem angestammten Siedlungsgebiet der Sorben, lag, hat auch auf Sorbisch gepredigt. Ich stelle mir vor, dass er abends den Gottesdienst vorbereitet hat. Das aufgeschlagene Alte Testament in sorbischer Sprache lag auf seinem Arbeitstisch. Abends? Welche Lichtquelle hat er wohl benutzt? Kerzen dürften für den Pfarrer einer armen Dorfgemeinde zu teuer gewesen sein. Er wird Kienspäne benutzt haben.

Im Bach-Museum in Eisenach habe ich einen Kienspanhalter gesehen. Es fiel mir wie Schuppen von den Augen: So musste es passiert sein. Ich versuche es mir vorzustellen: Der Pfarrer sitzt an seiner Predigt, einen Text aus den Sprüchen Salomos will er auslegen. Da wird er weggerufen. Ein Besucher ist an der Haustür, er muss mit ihm sprechen. Nur kurz verlässt er das Zimmer. Als er zurückkommt, ist ein glühendes Stück vom Kienspan heruntergefallen und hat die aufgeschlagene Bibel entzündet. Er kann sie löschen.

Es ist nicht das erste Mal, dass es auf seinem Arbeitstisch brennt. In unserem Elternhaus stand ein Fichtenholztisch aus dem Besitz der Drachhausener Urgroßeltern. Seine Platte war an mehreren Stellen sorgfältig ausgebessert. Die Flickstellen verdeckten die Brandlöcher, die die Kienspanbeleuchtung verursacht hatte. An diesem Tisch hat der Urgroßvater wohl die Gottesdienste vorbereitet und theologische Studien betrieben.

**PFARRER I.R. DIETER BERTRAM, Butzbach-Griedel**

## MEIN GRÖSSTER SCHATZ

*Auch ich habe eine Bibel,* und zwar eine ganz besondere, sehr kostbare Bibel. Sie wurde im Jahre MDCLXXXIV (1684) in Lüneburg in der heute noch existierenden Sterndruckerei gedruckt und gebunden. Ich bekam sie von meinen Eltern zur Taufe meiner drei ältesten Kinder im Jahre 1958. Sie war damals leider in einem sehr ramponierten Zustand. Wir ließen sie in der Sterndruckerei, die sich damals noch am Lüneburger Markt befand, restaurieren. Abgesehen von ein paar bei der Restaurierung falsch eingebundenen Seiten ist die »Biblia D. Martini Lutheri« mein größter Schatz, denn trotz ihrer unhandlichen Größe und Schwere benutze ich sie sehr oft. Ich lese darin und betrachte die vielen wunderschönen Kupferstiche, die sich zu fast jedem Buch im Alten und Neuen Testament befinden. Wer der Kupferstecher war, habe ich bis jetzt noch nicht herausgefunden.

Ein spezielles Interesse habe ich am letzten Buch des Neuen Testaments, der geheimnisvollen Offenbarung des Johannes. Das Besondere für mich ist, dass ich die gleichen Motive, mit denen die Offenbarung bebildert ist, zu meinem achtzehnten Geburtstag geschenkt bekam: Als Druck der Holzschnitte des berühmten Albrecht Dürer – auch diese mit einer hochinteressanten Erklärung zu jedem Bild, gedruckt auf heute vergilbten Nachkriegspapier von 1948.

**ANNELIES DREESSEN, Wedel**

## EIN ERBSTÜCK AUS DEM HEILIGEN LAND

*Dieses Neue Testament* bekam mein Vater im Jahr 1914 von seinem Vater aus dem Heiligen Land mitgebracht. Es ist mit Olivenholzdeckel versehen und hat eine liebevolle Widmung. Ich bin glücklich, so etwas Schönes geerbt zu haben.

**GESA BARDTHOLDT**

## UNSERE BIBEL VON 1562

*Wenn ich von unserer Bibel* aus dem 16. Jahrhundert erzähle, muss ich zuerst von meiner Großmutter Katharina Zimmer (1877–1961) berichten. Sie stammte aus der Nähe von Fulda, aus einem kleinen Dorf in der Rhön. Auf Arbeitssuche kam sie nach Frankfurt-Bonames und wurde dort die rechte Hand der Inhaberin eines kleinen Gasthofs. Sie lernte ihren Mann kennen und wurde mit ihm dort ansässig. Das Paar bekam zwei Kinder und später zwei Enkelkinder.

Meine Großmutter war eine stille, bescheidene und fleißige Frau, die wenig Aufhebens von sich machte. Sie las täglich in ihrer Bibel (Traubibel von 1903) oder im Starck'schen Gebetbuch und besuchte einen kleinen Gebetskreis. Für die Notlagen des Lebens hatte sie immer einen tröstlichen Spruch bereit, wie zum Beispiel »Wenn die Not am größten, ist Gott am nächsten«. Wurde in der Nachbarschaft jemand krank, zog sie eine frische Schürze an und ging, um zu helfen. Mit den Verwandten in der Rhön blieb eine lockere Verbindung bestehen. Es kam immer mal jemand von dort zu Besuch, der Frankfurt am Main sehen wollte. Anfang der 1960er-Jahre planten meine Eltern, mein Mann und ich daher einen kleinen Urlaub, um die Rhön kennenzulernen und etwas über die Herkunft meiner Großmutter zu erfahren.

Ihre Vorfahren hatten eine kleine Bauernwirtschaft und eine Leinenweberei betrieben. Wir besuchten den Vetter, der jetzt mit seiner Familie in dem kleinen Bauernhaus mitten im Dorf lebte. Mit seiner Gesundheit stand es nicht gut, dennoch wurden wir freundlich aufgenommen, die Hausfrau zeigte uns stolz ihre Rhöner Tracht. Als wir uns nach einem Erinnerungsstück an die Vorfahren erkundigten, fragte der Vetter in die Runde: »Is dann die aal Bibel noch uffem Dachbodden?« Jemand stieg hinauf, und brachte einen großen Band herunter, in schwarzes Leder gebunden, verstaubt und voller Schäden. Zwar waren die ersten Seiten des Buches verloren, aber es war zweifellos ein Altes Testament, hier beginnend mit 1. Mose 4, dem Bruderzwist zwischen Kain und Abel. Wir fragten nach dem Neuen Testament. Da brachte man noch einige lose Pergamentseiten herunter. Wir erwarben die Reste eines ehemals wertvollen Besitztums und schieden freundlich, wenn auch etwas betreten, von den Verwandten.

Offensichtlich hatte meine Großmutter ihre Neigung zum Bibellesen doch aus ihrem Elternhaus mitgebracht. Ihr Vater oder Großvater dürfte es noch anhand der alten Bibel geübt und vermittelt haben. Seither hatte die Familie trotz erwähnter kirchlicher Bindung den Zugang zu dieser Lutherbibel verloren. Erschwerend waren sicherlich hinzugekommen: der Frakturdruck, die altertümliche Sprache, eine zeitgemäße Entfremdung von den biblischen Erzählungen. Zu Hause befreiten wir zunächst unser Altes Testament Seite für Seite von Staub und Schmutz, die bis weit nach innen eingedrungen waren. Dabei machten wir eine großartige Entdeckung. Das Buch der Propheten hatte ein eigenes Titelblatt, das uns Entstehungszeit und -ort der Bibel verriet: »Die Propheten alle Teutsch. D. Mart. Luth. Gedruckt zu Franckfurt am Mayn, MDLXII«, also 1562, das heißt 28 Jahre nach der ersten Gesamtausgabe der Lutherbibel (1534), 17 Jahre nach der Ausgabe letzter Hand (1545) und 16 Jahre nach Luthers Tod (1546)! Lässt man mit dem Augsburger Religionsfrieden von 1555 die Reformationszeit zu Ende gehen, so ist das Alte Testament von 1562 ein Originaldruck vom Ausgang der Reformationszeit.

Beim Durchblättern der erhaltenen 952, also fast 1000 Seiten des Alten Testaments entdeckten wir seinen ganzen inhaltlichen und gestalterischen

Reichtum. Es umfasst nicht nur alle in der heutigen offiziellen Lutherbibel enthaltenen Schriften, sondern auch die sogenannten »Apokryphen« und mehrere Vorreden Luthers, die eine theologische Auslegung bieten. Von den Apokryphen schreibt Luther, sie seien der Heiligen Schrift nicht gleich gehalten und doch nützlich und gut zu lesen. Das Alte Testament ist zweispaltig gedruckt und noch ohne Verszählung, Überschriften oder Hervorhebung prägnanter Textstellen, doch finden sich am Rand der Abschnitte kleingedruckte Kurztitel als Orientierungshilfen. Zwischen die Zeilen sind gelegentlich kurze Erläuterungen wichtiger Begriffe im Kleindruck eingeschoben. Den Text schmücken Initialen in drei verschiedenen Größen, die die einzelnen Bücher, Kapitel oder auch Abschnitte hervorheben. Insgesamt sind dem gegenwärtigen Alten Testament 117 Holzschnitte beigegeben, die den zeitgemäßen Renaissancestil zeigen. Sie haben Postkartengröße und alle einen breiten ornamentalen Rand. Diese Rahmen füllen grotesk verschlungene Tier- und Pflanzendarstellungen. Sie umgeben kleine bildliche Darstellungen zu dem betreffenden Bibeltext – packende Höhepunkte des Geschehens.

Das Alte Testament zeigt ungewöhnlich viele Anstreichungen und handschriftliche Randbemerkungen. Sie hätten vielleicht das Geheimnis seiner Geschichte verraten können, mussten aber wegen unserer Alltagspflichten in Beruf und Familie zunächst unentschlüsselt bleiben. Als ich dann die Rente erreicht hatte, ging ich mithilfe meines Mannes Abend für Abend daran, die Randbemerkungen zu entziffern. Es ergab sich Folgendes: Die Bibel befand sich im 16. und 17. Jahrhundert im Besitz verschiedener Pfarrer, dann eines Lehrers. Zu Beginn des 19. Jahrhunderts kam sie in bäuerliche Hand. Dies bezeugt unter anderem der Eintrag »Kaspar Gutberlet 1810« – es ist der Name der Nachbarn unserer Verwandten. Die kurzen Randbemerkungen verrieten einiges von der Geschichte des Alten Testaments und sind zudem oft auch eindrucksvolle Lebenszeugnisse. Wir ließen unser Altes Testament nunmehr fachgerecht restaurieren und die losen Blätter des Neues Testaments binden. Im Jahr der Bibel 2003 bildete das Buch den Mittelpunkt einer Bibelausstellung in der Kirchengemeinde Gustavsburg in der Evangelischen Kirche in Hessen-Nassau. Wir haben das Alte Testament von 1562 vor dem Untergang bewahrt, möge es weiterleben und -wirken.

**MARGOT UND ROLAND DIETRICH, Wiesbaden**

unterwegs
MIT DEM
BUCH
der Bücher

*Buch*

DER BÜCHER

unterwegs
mit dem
BUCH
der
Bücher

unterwegs

unterwegs

mit dem

UNTERWEGS

mit dem

Buch

DER BÜCHER

BUCH
der Bücher

MIT DEM

*Mich fasziniert immer wieder,* dass Menschen in aller Welt die Bibel kennen. Du kannst in Tansania oder Brasilien oder Indonesien sagen: »Gethsemane« und weißt, alle kennen dieselbe Geschichte. In einem internationalen Gottesdienst wird aufgefordert, das Vaterunser in der je eigenen Muttersprache zu sprechen. Es entsteht ein großes Gemurmel, du verstehst die Worte nicht, die die anderen sprechen, aber du weißt, sie beten mit dir dasselbe Gebet.

Martin Luther hat die Deutschen auch insofern beeinflusst, als die Missionare aus Deutschland stets versuchten, die Sprache des jeweiligen Landes zu lernen, sie in Buchstaben und Phonetik umzusetzen und dann die Bibel zu übersetzen. Daher lässt sich beispielsweise Suaheli gut mitsprechen für Menschen, die das Deutsche kennen, die Buchstaben werden ausgesprochen wie bei uns. Britische Missionare beispielsweise handelten anders: Sie versuchten, den jeweiligen Einheimischen Englisch beizubringen und gaben ihnen dann die New Revised Standard Version der Bibel.

Die Bibel ist das globalisierteste Buch der Welt. Menschen in anderen Ländern schätzen sie oft mehr als wir in Deutschland. Bei Gottesdiensten in Afrika haben die Gemeindemitglieder ihre eigene Bibel dabei und lesen die Texte mit. Das gefällt mir gut, weil die Predigt sich dann auf einen Text beziehen kann, den die Menschen vor sich haben. In manchen deutschen Gemeinden wird der Text inzwischen auf dem Liedblatt abgedruckt. Aber ihn in der eigenen Bibel mitzulesen, macht dieses Buch vertrauter, denke ich.

Und jedes Land hat seine eigene Geschichte mit der Bibel. In manchen Ländern war oder ist sie verboten. Eine junge Iranerin erzählte mir, dass sie ihre Bibel versteckt hat, aus Angst, jemand könnte sie finden und sie deswegen verhaften. Im Salzburger Land gibt es viele Geschichten über Geheimverstecke von Bibeln, weil der Erzbischof verboten hatte, dass Menschen sie besitzen und damit lesen lernen. So brachten Eltern ihren Kindern heimlich das Lesen bei und mahnten sie, das nicht zu zeigen. Eine Frau erzählte, die Urgroßmutter habe die Bibel in Brotteig eingehüllt, um zu verhindern, dass sie entdeckt wurde. Die Geschichten vom Unterwegssein mit der Bibel in dieser Welt, sie sind spannend. Einige folgen in diesem Kapitel.

**MARGOT KÄSSMANN**

# »DAS STEHT SCHON SO
IN DER BIBEL.«

*Diesen Satz* habe ich sehr oft gehört, manchmal in Bezug auf Dinge, von denen ich nicht glauben konnte, dass sie tatsächlich in der Bibel stehen. Da ich die Bibel aber – außer den Zehn Geboten – nicht kannte, konnte ich weder widersprechen noch die Aussage bestätigen. Das fand ich irgendwann unbefriedigend. Also habe ich mir eine Bibel gekauft und sie gelesen – buchstäblich von der ersten bis zur letzten Seite (einschließlich des Registers). Da ich nicht jeden Tag darin gelesen habe, brauchte ich drei Jahre für die Lektüre, die ich aufschlussreich und hochinteressant fand. Seitdem weiß ich, was drinsteht und was nicht. Und manche ihrer »Bücher« oder einzelne Kapitel lese ich immer wieder aufs Neue. Das ist für mich immer wieder aufs Neue interessant und anregend.

MARA LAUE

## LIEBER DIE LUTHERBIBEL

*Streng katholisch aufgewachsen,* kehrte ich der katholischen Kirche dennoch irgendwann den Rücken. Die Bibel als Buch war in meiner religiösen Er-

89

ziehung nicht so wichtig. Nach einigen Jahren ohne kirchliche Zugehörigkeit wurde ich evangelisch. Ich feierte den Tag wie ein Fest, lud Freunde ein und bekam von meinem Mann als Geschenk eine Bibel und zwar eine ökumenische. Ich wollte aber lieber die Lutherbibel, da ich aus tiefster Überzeugung evangelisch dachte. So tauschte ich sie um.

Für mich persönlich ist das Neue Testament am wichtigsten, da Jesus für mich die alleinige Autorität ist. Das Alte Testament wurde, so denke ich, vor dem Hintergrund einer zutiefst patriarchalischen Kultur geschrieben, die Jesus mit seiner Lehre überwunden hat.

EVELYN MARSCHALL-GEBHARD, Lindau

## GEDRUCKT VOR ÜBER 250 JAHREN

*Die Bibel,* von der ich erzählen möchte, ist eine sehr gut erhaltene Lutherbibel beziehungsweise eine Kurfürstenbibel im Folioformat, sie ist reich bebildert und geschmückt. Gebunden ist sie im Originaleinband, mit geprägtem Leder auf einer Holzdecke. Im Inneren findet sich eine Würdigung der Kurfürsten, eine Lebensbeschreibung Luthers, mehr als zwanzig ganzseitige Originalkupferstiche und 144 Holzschnitte im Text. Gedruckt wurde sie anno 1747 bei Johann Andreas Endter (Endert) in Nürnberg, nachdem die

Druckerei am 23. August 1747 das Privilegium durch kaiserliches Siegel erhalten hatte.

Im November 2000 habe ich die Bibel in einem Antiquitätengeschäft in meinem Wohnort gekauft. Die verschiedenen Eigentümer seit 1747 – also über eine Zeit von 250 Jahren – sind mir leider nicht bekannt. Doch man kann vermuten, dass sie mit der Bibel besonders pfleglich umgegangen sind.

LUTZ

## DAS WORT GOTTES
## IN STASI-HAFT

*Von 1986 bis 1987* war ich politischer Häftling der Stasi in der DDR. Auf mehrfache Vorsprache beim Staatsanwalt hin erhielt meine Frau die Genehmigung, für mich ein Neues Testament abzugeben. Es war nicht die Regel, dass inhaftierte Christen diese Genehmigung bekamen. Durch mein Neues Testament war es möglich, dass auch andere Häftlinge Zugang zum Wort Gottes bekamen! Heute begleitet mich dieses Neue Testament zu meinen Vorträgen. Bibelstellen, die für mich besonders wichtig waren, habe ich mit dem Fingernagel markiert, Stifte gab es nicht.

HARALD RABE, Ostelsheim

# MÄNGELEXEMPLAR

»*Gesegnete Weihnachten* und vielen Dank für Ihre Hilfe im letzten Jahr«, stand auf der Weihnachtskarte mit dem Gutschein einer Buchhandlung über fünfzehn Euro. Eine wunderbare Überraschung. Ein paar Wochen später betrete ich die Buchhandlung ohne eine Vorstellung darüber, was ich suche. Ich lasse mich treiben, nehme das eine oder andere Buch in die Hand, blättere darin und lege es wieder weg. Dann bleibt mein Blick an einem großen, dicken, blauen Buch hängen. Prominent steht es im Regal – es ist eine Bibel. Eine sehr große und sehr dicke Bibel. Ich nehme sie heraus und streiche über den Einband. Es fühlt sich gut an, schwer in der Hand und fein, wenn die Fingerspitzen über die Prägungen streichen. Der Wunsch, sie mitzunehmen kommt in mir auf. Aber ich habe bereits mehrere Bibeln zu Hause; die meiner Großmutter von 1898, die Kinderbibel, die Schülerbibel und die Bibel in SMS-Format. Muss es noch eine sein?

Dieses Prachtexemplar ist sicher sehr teuer. Ich drehe sie um, suche den Preis. Mängelexemplar steht in großen Buchstaben an der Seite. Das Buch sieht unversehrt aus. Ich kann keine Mängel feststellen. Welche Mängel hat das Wort Gottes? Wie sehr beeinträchtigen uns Mängel? Bin ich nicht selbst auch ein Mängelexemplar? Und was macht mich vor allem aus? Die Mängel? Oder ist es nicht so, dass Gott uns trotz unserer Mängel liebt? ER vergibt uns unsere Schuld (Mängel) und hat bereits für unsere Schuld sein Leben gegeben. Was für ein Preis. Kann ich die Bibel nicht auch mit Mängeln nehmen, die ich auf den ersten oder zweiten Blick nicht erkennen kann, die aber wahrscheinlich da sind. Ich drehe das Buch weiter und lese den Preis – fünfzehn Euro. Das kann kein Zufall sein. Ich nehme das Buch und trage es mit einem warmen Gefühl der Vorfreude zur Kasse. Gleich wird es mir gehören. Ich löse meinen Weihnachtsgutschein ein und nehme es mit.

Zu Hause bekommt die Bibel ein eigenes Fach in meinem Buchregal. Diesen Platz braucht sie, so groß und schön wie sie ist. Sehr schön, als ob sie da schon immer hingehört hat. Ich kann diese Bibel nicht in meine Tasche stecken oder mit auf Reisen nehmen. Aber wenn ich sie zu Hause in die Hand nehme und lese, dann füllt sie meinen Schoß und mich aus. Dann bildet ein Mängelexemplar mit dem anderen eine vollkommene Einheit.

SUSANN PEGGY WITTESCH, Ludwigsburg

## WAS LIEGT DENN DA DRIN?

*Vor einiger Zeit* bekam ich eine 1825 »zu Cassel« gedruckte Bibel in die Hand. Ihre imponierenden Maße betrugen 18 x 10 x 7 cm (Höhe, Breite, Dicke), das dünne Holz der Buchdeckel war mit Schweins-

93

leder bezogen. Die Buchschließe bestand aus Leder und Metall – sie diente dazu, das dicke Buch (über 1200 Seiten) vor dem Sperren und damit dem Eindringen von Staub und Licht zu schützen.

Etwa in der Buchmitte lag eine kleine gepresste Pflanze zwischen den Seiten, die für mich aussah wie ein kleines Edelweiß. Was war das für eine Blume? Neugierig fragte ich bei Botanikern nach. Aber auch der Blick durchs Binokular und das Blättern in wissenschaftlichen Büchern ermöglichte keine eindeutige Bestimmung. Dazu war das gepresste Blümchen unvollständig (ohne Blätter). Es ergab sich nur der Hinweis: »Das ist vermutlich ein Vertreter aus der Familie der Korbblütler«. Die Beschreibungen von »Ackerfilzkraut« (Filago arvensis) oder »Zwergfilzkraut« (Filago minima) könnten zutreffen. Beides sind kleine Pflanzen mit knäueligem Blütenstand (aber unscheinbaren, winzigen Blütchen) sowie dichter, wolliger Behaarung. Sie gedeihen auf sandigen, kalkarmen Böden – sind heute aber in ihrem Bestand gefährdet.

Es bewegte mich die Frage, warum dieses Pflänzchen damals in dieses Buch eingelegt und gepresst wurde. Ein Buch war vor 200 Jahren ein wertvolles Stück, vielleicht war die Bibel das einzige Buch im Haus. Gerade das aber regte mich zum Nachsinnen an: Vielleicht hat damals eine Frau oder ein Mann einfach Gefallen an dem zierlichen Pflänzchen gefunden – bei der (gemeinsamen) Arbeit auf dem heimatlichen Acker, auf dem Weg nach Hause oder bei einem sonntäglichen Gang durch die Gemarkung. Meine Nachforschungen ergaben keinerlei Hinweise auf eine medizinische Wirkung oder einen vermuteten Effekt des Filzkrautes im täglichen Leben. Auch aus den Seiten, wo das Kräutlein eingelegt war, konnte ich keine Schlüsse ziehen.

So habe ich die kleine, gepresste Pflanze mit ihrem Geheimnis wieder zwischen die Seiten der alten Bibel gelegt. Es gibt auch Sachen, die man nicht klären kann. Aber ich habe über die Menschen der damaligen Zeit und ihre Bibel viel nachgedacht und dabei ein wenig geträumt.

UWE HOHMANN, Bad Hersfeld

## ALLES HAT SEINE ZEIT

*Lutherisch-protestantisch getauft,* konfirmiert und schließlich doch aus der Kirche ausgetreten, hatte ich aber die Bibel lesen wollen. Es interessierte mich schon, zu wissen und zu verstehen, was drinsteht in der Bibel, zumal ich letztendlich in Notsituationen doch »den lieben Gott« anrief … – so erinnere ich mich an die DDR-Zeiten. Im Jahr 1966 übernahm ich die Patenschaft für die zwei Kinder meines Bruders – ich wollte schon im christlichen Leben nicht egozentrisch abseitsstehen und dachte, Patenschaft bedeute zunächst praktische Bibelarbeit. Bis zum fünfzigsten Geburtstag meiner Patenkinder war ich gefordert, ich stand gern mit ihnen in Verbindung.

Meine Bibel? Kaufte ich mir in der Zwischenzeit, eine schöne Dünndruckausgabe. Zum Lesen bin ich allerdings kaum gekommen, die Zeiten waren zu turbulent. Nach der Wende erwarb ich vom ersten Westgeld eine von Chagall illustrierte Bibelprachtausgabe, ich wollte mir das Bibelstudium angenehm machen. Aber ich kam immer noch nicht zum Lesen. Ein Schulfreund bemerkte dann, ich solle vorsichtig sein, in der Bibel stünden grausame Geschehnisse und ich solle prüfen, ob das mit »unserem« Humanismus im Einklang stehe. Im Ruhestand habe ich das dann getan. Nur besorgte ich mir eine Zweit- und Drittbibel zum Studieren, für zu Hause und unterwegs. Ganze zehn Jahre sind inzwischen vergangen, ich legte mir auch eine zweite Prachtbibel zu, diesmal von Friedrich Hechelmann illustriert, und vertiefte mich beim Bibelstudium und beim Ikonenmalen. Die biblischen Geschichten wurden mir immer vertrauter. Immer, wenn ein Bibelzitat fällt, ob im Radio, der Zeitung oder einem Buch, schlage ich in der Bibel nach, in meinen Bibeln.

KLAUS FISCHER, Berlin

# BEGLEITER IN BLUT-, SCHWEISS- UND TRÄNENZEITEN

*Meine alte Studienbibel* bekam einen Namen: »Blood, Sweat and Tears«-Bibel. Sie war die erste Bibel, die ich mir im Theologiestudium leisten konnte. Benötigt habe ich sie vor allem beim Hebräisch Lernen, um die eigenen Übersetzungsversuche mit dem Bibeltext zu vergleichen. Da half die Lutherübersetzung meiner Schulbibel, die ich mit zum Studium nahm, wenig. Da es eine Fülle an verschiedenen Bibelausgaben gibt und mir von meinen Kommilitonen glaubhaft versichert wurde, dass die Zürcher Bibel dem Text des Alten Testament am nächsten kommt, kaufte ich mir von meinen mageren Studienfinanzen dieses Buch.

Der Erwerb meiner Bibel löste das gleiche Glücksgefühl aus wie der erste Autokauf. Mit ihr an der Seite sollte ich gut durch das Studium kommen. Weil mein Geld nicht für den Kauf eines Registers reichte, bastelte ich es selbst. Mit kleinen Papierstreifen und Tesafilm war das ein abendfüllendes Programm.

Jeder Text, den ich übersetzte, wurde in der Bibel farbig markiert, später kamen noch Randbemerkungen von Vorlesungen oder Seminararbeiten hinzu. Nächtelang schwitzte ich Blut und Wasser mit ihr bei den Examensvorbereitungen, und manchmal weinte ich auch Tränen der Verzweiflung, weil ich etwas falsch übersetzt oder eine wichtige Textstelle überlesen hatte. Tapfer begleitete sie mich während des Studiums und während meines Auslandsvikariats in Südfrankreich – davon zeugen Kalenderblätter in französischer Sprache, die ich beim Blättern heute noch zwischen den Seiten finde. Ich habe sie so oft in den Händen gehalten, gelesen und mit ihr gearbeitet, dass der Einband ganz in Mitleidenschaft gezogen ist. Der Buchrücken fehlt und sie musste mehrmals mit einem Klebeband fixiert werden, damit sie zusammenhält.

Heute habe ich auch viele andere Bibelausgaben, die mich durch meinen Berufsalltag begleiten, vor allem Bibeln mit größerer Schrift. Doch meine »Blood, Sweat and Tears«-Bibel hat ihren Ehrenplatz im Regal. Wenn wir im Konfirmandenunterricht über Bibeln sprechen, hole ich sie gern hervor und erzähle, wie ich mit ihr meine »Blut, Schweiß- und Tränenzeiten« im Studium überstanden und mit ihr gelebt habe.

ELKE WEDLER-KRÜGER, Freimersheim


## RAUCHEN ODER LESEN?

*In die linke Brusttasche* der Infanteristenuniform der deutschen Wehrmacht passte das Neue Testament samt Psalmen gerade hinein. Ich meine mich zu erinnern, dass die Kriegsausgabe achtzig Pfennige gekostet hat, passend zum schmalen Wehrsold. Mein Leben konnte ich am 8. Mai 1945 gerade noch über die Elbe retten, Ausrüstung und Neues Testament versanken.

Im westlichen Kriegsgefangenenlager gab es Bewacher, die ihre Zigarettenstummel durch den Stacheldraht warfen. Wie die Hühner liefen die Unsrigen herbei und sammelten sie auf. Das nötige Zigarettenpapier hatten sie schon: Auf der Lagerwiese fand sich ein zerfleddertes Neues Testament. Kameradschaftlich geteilt, erhielt jeder eine halbe Seite, ausreichend und gerade passend für eine Selbstgedrehte. Den Anfang des 1. Petrusbriefes, meinen Anteil – rauchen oder lesen? Ich lese, zum ersten Mal die Ansprache »an die Fremdlinge«. Ich deute meine Existenz: fremd unter den Kameraden, die sich bestehlen; fremd in der neuen Zeit. Was gut war, gilt jetzt als böse, was böse war, nun als gut. Die Wächter werfen vor unseren Augen einen Schinken lachend ins Feuer. Wir hungern. Wenn wir uns erheben wollen, wird uns schwarz vor den Augen. »Wiedergeboren zu einer lebendigen Hoffnung« steht unten auf meinem Abrissblatt, aber, ach, »durch die Auferstehung von den Toten«. Hilfreicheres auf der Rückseite? »Enthaltet euch von fleischlichen Lüsten.« Ich wage nicht, das den anderen vorzulesen.

Fremde Bibel, weit weg von meinem Leben. Wir aber träumen, wie wir nach der Gefangenschaft leben, das heißt, vor allem essen werden. Ein Schnitzel zum Frühstück, nein, einen Löffel Schweineschmalz als Erstes. Ach, unsere Träume sind noch lebensfremder. Ich erinnere mich ihrer nur mit Mühe. Meinen Bibelzettel habe ich nicht mit nach Hause gebracht, mir aber den knappen Text in den Monaten eingeprägt, bewegt, anders oder neu verstanden und bewahrt. Was für ein Schatz!

RUDOLF SEFRANEK, Roth

## LUTHERBIBELN FÜR EINE KATHOLIKIN

*»Eine Bibel* schmeißt man doch nicht weg!« Ich half Ende 1982 einer Freundin beim Umzug von Reutlingen nach Berlin. Meine Freundin wollte bei dieser Gelegenheit gründlich aussortieren. Auf dem Stapel der zu entsorgenden Dinge fielen mir drei alte, beschädigte Bücher mit Ledereinband auf, auf einem war vorn ein großes Kreuz zu sehen, vermutlich war es eine alte Bibel. Ich bat sie darum, sie mir zu geben. Doch sie wollte sie nicht verschenken. Ich sagte: »Eine Bibel schmeißt man doch nicht weg!« Aber sie empfand die drei alten Bücher wegen der persönlichen Eintragungen auf den ersten Seiten als familiären Ballast, den sie endgültig loswerden wollte. Deshalb sollte dieser Ballast auch nicht als Geschenk weiterexistieren. Ich merkte mir, in welchen Abfallsack sie die Bücher warf und wohin sie die Säcke zur

Entsorgung stellte. Spätabends schlich ich dann zu den Abfallsäcken und wollte mir die Bücher holen. Ich war glücklich, als ich sie gefunden hatte.

Das erste Buch war »Die Bibel oder die ganze Heilige Schrift des Alten und Neuen Testaments nach der deutschen Übersetzung D. Martin Luthers« als »Großoktav-Ausgabe mit 200 Bildern nach Schnorr von Carolsfeld«. Gedruckt wurde sie in der »Privilegierte[n] Württembergische[n] Bibelanstalt, Stuttgart 1913«. Das zweite Buch war ebenfalls eine Lutherbibel, von 1909, ohne Bilder und arg zerschlissen. Das dritte war »Brastbergers Predigtbuch«. Fasziniert war ich von den Eintragungen rund um die kirchliche Trauung, das kannte ich nicht in einer Bibelausgabe, auch die Nazarener-Bilder hatten es mir angetan. Ich als katholische Christin hatte auf einmal gleich zwei alte Lutherbibeln, noch bevor ich in meiner ersten Wohnung eine eigene katholische Bibel besaß! Ich war begeistert von der Lutherbibel von 1913, mir gefiel diese kraftvolle Sprache. 1992 fing ich an, theologisch zu arbeiten und absolvierte ein Fernstudium der katholischen Theologie. Seither arbeite ich gerne auch mit Luthers Übersetzungen. Nach wie vor halte ich die drei alten Bücher hoch in Ehren.

URSULA REICHENMILLER-THOMA, Aystetten

# DAS GEHEIMFACH

*An einem nebeligen Februarmorgen,* es war Montag, teile ich in der zehnten Klasse die Bibeln aus, jene roten Ausgaben der Einheitsübersetzung, die seit Jahrzehnten im Bücherkeller der Schule die Regale belegen. Der Einband ist kaum abgegriffen. Wenig wurden sie aufgeschlagen und selten in ihnen gelesen. Manchmal ist »Fuck« sorgfältig mit dickem schwarzen Filzstift über die Schnittstelle der Seiten geschrieben. Die Swastika findet man kaum mehr hineingeschmiert. Die Zeit hat sie überholt. Phallussymbole hingegen erfreuen sich steter Beliebtheit. An einigen Ausgaben ist der Buchrücken abgerissen. Die Ecken des Kartoneinbands sind gelegentlich umgebogen oder abgeschnitten. Man darf die Mühe nicht unterschätzen, die derartiges Werkeln den Schülern bereitet. Mir ist heute daran gelegen, in den Antithesen der Bergpredigt zu lesen. Ich lasse das 5. Kapitel im Matthäusevangelium aufschlagen. In den Versen 44 bis 47 heißt es: »Ich aber sage euch: Liebt eure Feinde und bittet für die, die euch verfolgen, auf dass ihr Kinder seid eures Vaters im Himmel. Denn er lässt seine Sonne aufgehen über Böse und Gute und lässt regnen über Gerechte und Ungerechte. Denn wenn ihr liebt, die euch lieben, was werdet ihr für Lohn haben? Tun nicht dasselbe auch die Zöllner? Und wenn ihr nur zu euren Brüdern freundlich seid, was tut ihr Besonderes?« Ehe meine Schüler diese Stelle finden, die mir schon seit dem Morgengrauen im Kopf herumgeistert, entsteht reichlich Durcheinander: Ist die Bergpredigt im Alten oder im Neuen Testament? Wo ist das Inhaltsverzeichnis? Auf welcher Seite muss ich suchen? Wild wird hin und her geblättert. Für Sechzehnjährige im Jahr 2015 ist es exotisch und altertümlich, die Bibel in den Händen zu halten.

Dann gibt es einen Aufschrei. Ein Junge ist auf etwas gestoßen, das Anlass zum Aufschauen und Aufhorchen gibt. Er hat die Bibel ungefähr mittig aufgeschlagen und hält mit der linken Hand einen Stapel Blätter hoch, es sind bestimmt gut hundert Seiten, aus denen ein Rechteck von etwa zehn Zentimeter Höhe und fünf Zentimeter Breite herausgeschnitten ist. »Ich war's nicht«, sagt er, während er mit vier Fingern durch die Öffnung greift und den Daumen schützend um den noch verbliebenen Rand legt. Alle lachen und rufen durcheinander: »Mensch, zeig her! Hey, echt geil!« Ich schaue wortlos auf das fehlende Rechteck. So etwas ist mir bisher noch nicht untergekommen. Dreist, denke ich!

Ich klatsche in die Hände, mahne zur Ruhe und nehme die beschnittene Bibel an mich. Der Junge, der sie entdeckt hat, händigt sie mir mitleidig lächelnd aus und meint tröstend: »Sie ist von 1980, aus dem letzten Jahrtausend, älter als ich.« Klar, nach so vielen Jahren kann man ein Buch getrost ausmustern. Eine neue Bibel kostet nicht mal zehn

Euro. Es lohnt nicht, sich aufzuregen. Trotzdem kann ich nicht anders, als mir den Schaden eingehend zu betrachten. Der zweispaltig gedruckte Text bildet einen Rahmen um den ungewöhnlichen Hohlraum. Ein Fenster in der Schrift. Das achtunddreißigste Kapitel im Buch Hiob ist betroffen. Das Buch der Psalmen sowie das der Sprichwörter sind gewissermaßen ausgehöhlt. Ebenso die ersten fünf Kapitel im Hohelied. Während ich mir still den Schaden besehe, schauen mir die Schüler und Schülerinnen voll Anteilnahme zu. Das Feixen hat aufgehört. Ein Packen Schrift ist herausgeschnitten, etwas fehlt, Entscheidendes fehlt, und der umrandende Text ist unlesbar geworden. Die Worte ergeben keinen Sinn mehr.

Ich nehme die einhundertfünfundzwanzig malträtierten Seiten in die rechte Hand und befühle das glatte, hauchdünne Papier mit den Fingerkuppen sowie die kaum spürbaren Erhebungen, die der Druck erzeugt hat. Seltsam, so liebevoll habe ich das Innenleben der Bibel noch kaum gestreichelt. Die Schnittflächen am Durchguck sind gestaffelt. Es war bestimmt mühsam, mit einem Taschenmesser durch all die Seiten zu ritzen. Jetzt ist in der Bibel ein Geheimfach entstanden, groß genug, um ein Handy darin zu verstecken, ein flaches Schnapsfläschchen, einen Spicker, einen Liebesbrief, Rauschgift, eine geheime Botschaft, eine Abhöranlage ... Die Bibel ist greifbar geworden und das Buch Hiob hat ein

Loch bekommen, kein zufälliges von einer Bücherwurmfamilie herausgefressenes, sondern ein sauber herausgeschnittenes.

Die betroffenen Schriften sind unlesbar, aber es ist jetzt möglich, durch sie hindurchzuschauen auf das Hohelied. »Mein Freund ist mein und ich bin sein …« (6,3) – diese Aussicht ist nicht zu überbieten. Wie gut, dass das Fenster den Blick durch die vielen Seiten ausgerechnet auf diesen Vers lenkt. Der Jahrtausende alte Text, mühsam von klugen Professoren in unsere Sprache übersetzt, während sie sich bestimmt grübelnd hinter den Ohren kratzten, hat jetzt ein banales lächerliches Loch. Kein Wunder, dass die spontane Reaktion der Schüler ein schallendes Lachen war. Lächelnd klappe ich die Bibel zu, bedecke ihre Scham und berge sie in meine Tasche.

Es ist nach diesem unvorhergesehenen Zwischenfall nun wirklich an der Zeit, mit dem Unterricht fortzufahren: Feindesliebe bei Matthäus. Am Nachmittag lege ich die Bibel auf den Tisch in meiner Bibliothek. Liebkosend streichle ich mit den Händen darüber, hülle sie in ein besticktes Baumwolltuch und flüstere ihr zu: »Hier bist du sicher. Niemand wird dir etwas zuleide tun.« An den Handflächen nehme ich meinen gleichmäßiger und ruhiger werdenden Pulsschlag wahr. Ich glaube, der Bibel fallen die Augen zu. Wäre es ein Wunder nach diesen Aufregungen? Wer weiß, wie lange sie mit der unentdeckten Wunde einsam in einer kalten Kiste zwischen fröhlich und entspannt plaudernden Gefährten gelegen hat? Bestimmt hat keine ihrer gesunden Schwestern bemerkt, wie es um sie, die Verwundete, steht. Auch für tiefgeistige Gespräche fehlte ihr die Kraft. Jetzt kann sie endlich in den wohlverdienten Schlaf sinken und sich von Träumen küssen lassen. Erleichtert atme ich tief ein und aus. Wie gut, dass ausgerechnet mir heute dieses Buch in die Hände gefallen ist.

CLAUDIA KELLNHOFER, Mallersdorf

## MEINE BMW-BIBEL

*Ein Samstag* im Sommer. Ich bin bei der Wäsche meines 5er-BMW. Ein Nachbar geht vorbei und ruft mir zu: »Ich habe ein Buch daheim, das ist fast so viel wert wie Ihr Auto.« Auf meine Frage, was das denn für ein Buch sei, erfuhr ich, dass es sich um eine alte Lutherbibel handelte. Ein Erbstück von seiner Mutter, die aus Wittenberg stammte, für ihn selber hätte die Bibel aber keine Bedeutung, ob ich interessiert an einem Kauf wäre. Als zwar keineswegs bibelfester, aber viel in der Bibel lesender Katholik wollte ich mir das gute Stück wenigstens anschauen. Ich fand ein vom Zahn der Zeit äußerlich stark mitgenommenes, gewaltiges Buch vor. Auf dem Deckblatt stand: »Biblia. Das ist/Die gantze H. Schrifft/Alten und Neuen Testaments/Deutsch/D. Mart. Luthers« und die Jahreszahl MDCLXX, also 1670, und somit gedruckt 124 Jahre nach Luthers Tod im Jahre 1546.

Der gut erhaltene Innenteil mit den zahlreichen wunderbaren Stahlstichen faszinierte mich und Luthers Sprache hatte ich schon immer gern gelesen. Die oben angeführte Preisvorstellung überstieg zwar meine Zahlungsbereitschaft um ein Vielfaches, dennoch zeigte ich etwas großspurig mein Interesse. Ich schlug vor, die Bibel schätzen zu lassen und dann weiterzusehen. Nach einigen Wochen klingelte mein Nachbar bei mir und erzählte mir mit enttäuschter Miene von seinen Erlebnissen bei mehreren Antiquariaten, die sämtlich ergaben: Der Bibel fehlte die letzte Seite. Sie hört in der Offenbarung des Johannes mitten im Kapitel 21,15 auf. Ein Preis in BMW-Größenordnung war also nicht zu machen. Meiner Lust auf die Lutherbibel tat das Eine-Seitendefizit keinen Abbruch. Wir einigten uns auf einen Wert, der beiden Seiten fair erschien.

Seit dieser Zeit kommt für mich zur Bibellektüre nur noch meine BMW-Bibel infrage, auch wenn sie des Umfangs und Gewichts wegen ein wenig unhandlich ist. Und den fehlenden Rest der Bibel lese ich halt in einer anderen Bibel nach.

DR. RAINER LIHOTZKY, Trostberg

## TAUSCHE BIBEL GEGEN
## »MIG-29«

*Es ereignete sich* im Sommer 1993 in Straußberg (Brandenburg) an der Eingangstür zum Wohnheim für Offiziere der 5. Luftwaffendivision. Während ich durch die Tür ins Freie strebte, eilte ein junger Major ebenfalls in Richtung Eingangstür. Wie sich später herausstellen sollte, war er ein Flugzeugführer auf der mittlerweile auch von der Deutschen Luftwaffe eingesetzten MIG-29, einem zweistrahligen Kampfflugzeug mit dem Nato-Codenamen »Fulcrum«. Und nahezu bilderbuchgleich entwickelte sich, nach militärischem Gruß, buchstäblich im Türrahmen, der schier unausweichliche Höflichkeitsdialog um den Vortritt durch die Tür: »Aber bitte, Herr Oberstleutnant...« »Nein doch, bitte Sie, Herr Major...!« Aus diesem »Bitte Sie«, »Nein, doch bitte Sie ...« entwickelte sich wie von selbst ein Gespräch, in dessen Verlauf wir beide jeweils »unser Visier« öffneten, plötzlich auch persönlich wurden und ich mich dabei – ohne dass ich heute noch sagen könnte, warum – spontan zu meinem Christsein bekannte.

Major F. – mir ist seine Freundlichkeit, ja unverbogene Offenheit in Gesicht und Haltung noch in Erinnerung – meinte dann im weiteren Verlauf des Gesprächs, dass er das wohl nicht sei, sich aber aus Erzählungen seiner Oma irgendwie an die Christenlehre erinnern könne. Wer letztlich zuerst durch die Tür schritt, ist mir nicht mehr erinnerlich. Als sogenannter Wochenendpendler zwischen München und Straußberg verbrachte ich das der Begegnung folgende Wochenende in München. Und auf der Heimreise nach München entschied ich, die Neue Jerusalemer Bibel zu kaufen, um sie über die Dienstpost an Major F. zu schicken – zusammen mit ein paar auf unsere Begegnung bezugnehmenden Zeilen. So geschah es.

Noch in der gleichen Woche – und das hat mich dann doch gerührt – war in meinem Postfach ein großes Kuvert. Sein Inhalt war eine gerahmte Fotografie einer MIG-29 mit deutschem Hoheitszeichen. Und im Begleittext konnte ich lesen, dass es sich im Cockpit um Major F. handelt, der von seinem Rottenkameraden fotografiert worden ist.

Dieses Bild hängt seitdem in meinem Arbeitszimmer; es ist mir kostbar geworden. Ich hätte mir im Leben nicht vorstellen können, dass es sich je ergäbe, eine Bibel gegen eine MIG-29 einzutauschen.

PROF. ALWIN PORAK, München

## FÜR GEIST UND KÖRPER

*Ich bin zurzeit* in einer Klinik und habe mir vorgenommen, in den vier Monaten, in denen ich hier bin, nochmal die Bibel zu lesen.

ANKE KIEFER

## ZEITREISE

*Ein häufiger Blick* in meine Bibel ist einerseits eine spannende und angenehme Zeitreise, verbunden mit positiven Erinnerungen, zum Beispiel an meine Konfirmation vor fünfundfünzig Jahren. Andererseits ist es immer wieder eine neue, gute Erfahrung und sehr häufig eine hilfreiche Unterstützung zur Bewältigung des Tages.

FRANZ-WALTER TRUMMER, Flensburg


## LERNEN DURCH BILDER

*Meine Bibeln* hatten schon immer Bilder. Zuerst war das etwas verwirrend, weil meine Mutter mich in einen streng katholischen Kindergarten schickte (wir sind eigentlich evangelisch), wo wir den ganzen Tag Jesusbilder ausmalen mussten – so kommt es mir im Nachhinein jedenfalls vor. Über die Jahre habe ich aber mehrere Bibeln mit Bildern aus verschiedenen Epochen der Kunstgeschichte gekauft, weil ich den direkten geschichtlichen Bezug von der Bibel zur Kunst so spannend finde. Ich fühle mich dann ein wenig den Menschen aus alten Zeiten verbunden, für die die Triptychen in Kirchen entstanden sind: Sie konnten nicht lesen, also brauchte es Bilder, die die Menschen ansprachen und perfektes Storytelling vermittelten, wie in der modernen Werbung.

2013 konnte ich in meinem Studium eine spannende Fotoreihe mit Stillleben über das Leben Jesu gestalten. Anhand von Bildern lerne und begreife ich die Bibel besser – genauso ging es später auch den Konfirmanden, denen ich mein Projekt vorgestellt und mit ihnen als Ratespiel inszeniert habe.

SOLVEIG PRIEBS, Hamburg

# ÜBERRASCHUNG IM REDAKTIONSSCHRANK

*Ich trat Mitte der 1990er-Jahre* die Nachfolge als Leiter der Lokalredaktion eines früheren SED-Bezirksorgans (»ausgezeichnet mit dem Orden Banner der Arbeit«) an. Im Büroschrank hatte die frühere Leiterin, die die Wende auf dem Posten überstanden hatte und nun im Ruhestand war, allerlei Unterlagen zurückgelassen. Bei Durchsicht derselben machte ich neben altem, sehr holzigen DDR-Briefpapier eine weitere ebenso verblüffende wie rührende Entdeckung: In einem Fach lag eine alte, wohl häufig gebrauchte, weil zerlesene Bibel aus dem Jahr 1917. War das etwa Material, den Klassenfeind in Argumentation und Weltbild zu durchschauen? Oder war es Halt für Momente des Zweifels? Eine Antwort habe ich nicht gefunden. Ich habe das markante Exemplar aber an mich genommen und lese immer mal wieder darin …

ANONYM

# IM NICHTERKENNEN DAS
# GÖTTLICHE ERKENNEN

*Kurz vor meiner Erstkommunion* – ich war, glaube ich, acht Jahre alt – wusste ich: Irgendetwas ist falsch. Weinend ging ich aus dem Beichtstuhl, nachdem ich irgendeine »Sünde gegen das Fleisch« gebeichtet hatte. Ich wusste nicht genau, was damit gemeint war, ich wusste aber: Ich hatte gelogen. Mit achtzehn bin ich aus der Kirche ausgetreten.

Trotzdem habe ich mir als Zweiundzwanzigjähriger die Merianbibel gekauft. Seitdem quäle ich mich durch das Buch. Mit sechsundfünfzig bin ich immerhin schon beim Propheten Jesaja. Jetzt warte ich auf die neue Ausgabe, vielleicht mit mehr Platz für Kommentare. Irgendwann will ich doch auch das Neue Testament lesen. Je länger ich in dem Buch lese, desto sicherer bin ich mir: Dies ist nicht mein Gott. Der Gott Abrahams, dieser alte Mann, der nichts Besseres zu tun hat als auf seinem Thron zu sitzen, narzisstisch gekränkt, wenn er in falscher Weise angebetet wird, Völker in seinem Namen ausrotten, Kinder schlachten und Frauen schänden lässt. Der sich für das Leben der Sündigen nach dessen Tod bestialische Strafen in der Hölle ausdenkt und je nach Glaubensrichtung den Frommen verspricht, im Paradies Jungfrauen vergewaltigen zu dürfen. Nein, dieser Gott der Juden, Christen und Muslime ist nicht mein Gott!

Trotzdem glaube ich an das Göttliche, das jenseits unserer Vorstellungswelt schafft und gebiert. Wenige Stellen in der Bibel, im Koran, im Talmud, aber insbesondere die Mystiker der Religionen berichten darüber und wir erleben diese Wunder jeden Tag. Dieses Göttliche preise ich, wenn ich im Chor, Bach, Mozart oder Mendelssohn singe. Es ist jenseits unserer Moral, jenseits unserer Vorstellungen von Gut und Böse, jenseits von Himmel und Hölle, von Gott und Teufel. Es ist weder männlich noch weiblich noch sächlich. Es ist absolut. Es ist in uns, um uns, über und unter uns, es durchfließt uns im ewigen Strom. Es ist an uns, dies zu erkennen und zu erleben. Darum lese ich die Bibel, um im Nichterkennen Gottes das Göttliche zu erkennen.

ANDREAS JÄKEL, Konstanz

## TREFFEN AUF HALBEM WEGE

*Es war im ersten Studienjahr* meines Ingenieursstudiums im Jahr 1975. Ich wohnte im Internat und teilte das Zimmer mit zwei Mitstudentinnen. Auf dem Bücherbrett stand neben der Technischen Mechanik meine Bibel aus der Konfirmandenzeit. Eines Tages musste ich zum Gespräch zum zweiten stellvertretenden Direktor. Eine der beiden Mitstudentinnen hatte ihm mitgeteilt, dass die Bibel auf dem Bücherbrett steht. Er war zugleich der Parteisekretär der Schule. In diesem Amt verlangte er, dass ich die Bibel vom Bücherbrett nehme oder ich müsste die Schule verlassen. Mein Einwand, dass die Bibel auch ein Geschichtsbuch sei, änderte nichts an seiner Meinung.

Schon einmal hatte ich solche Willkür gespürt: Mit der Begründung, dass die Entwicklung meiner Persönlichkeit nicht der einer zukünftigen sozialistischen Studentin entspreche, wurde ich nicht für die Erweiterte Oberschule zugelassen. Ich war mit vierzehn Jahren nicht in die Freie Deutsche Jugend eingetreten. Später wurde ich Mitglied, weil ich merkte, dass es ohne Kompromisse keinen Weg zum Studium geben würde.

Meine Delegierung zum Ingenieurstudium durch den Betrieb bedeutete für mich Hochschulreife auf Umwegen. Und nun wurde von mir schon wieder ein Kompromiss verlangt. Sollte denn die Benachteiligung um des Glaubens willen nie aufhören? Heulend lief ich durch die Stadt. Der Kantor der Kirchengemeinde fand mich so, nahm mich mit nach Hause und gab mir erstmal eine Tasse Kaffee. Ich weiß nicht mehr, was wir geredet haben. Aber ich weiß, dass es danach nicht mehr so schlimm war.

Ich nahm meine Bibel vom Bücherbrett und legte sie in meinen Schrank. Meine Mitstudentin stellte ich nicht zur Rede. Ich hatte das Gefühl, sie wusste nicht, was sie getan hatte. Wir waren ja gerade achtzehn oder neunzehn Jahre alt. Im neuen Studienjahr wechselte ich das Zimmer. Rede und Antwort um meines Glaubens willen musste ich noch manchmal in diesen drei Jahren stehen. Danach studierte ich Theologie. Seit dreißig Jahren bin ich Pfarrerin.

Meine Bibel hat mich über viele Jahre im Dienst begleitet – bis sie langsam zerfiel. Nun steht sie wieder in meinem Bücherregal. Niemand verlangt mehr von mir, sie zu verstecken. Die Bibel ist mir zum Handwerkszeug geworden. Aber auch der Dienst verlangt von mir gelegentlich Kompromisse. Dann gilt es wieder zu entscheiden, wo es nötig ist, standzuhalten und wo nicht und wo vielleicht ein Treffen auf halbem Wege möglich ist.

IRENE HEINECKE

## BRENNEN AUF ANTWORTEN

*Ich bin gläubig,* jedoch keine regelmäßige Kirchgängerin. Seit Kurzem besuche ich die 15-minütige, freitägliche Marktandacht in meiner Geburtsstadt. Nachdem ich letzte Woche den Flyer der Schwelmer Christuskirche einsteckte, habe ich mir heute Zeit zum Lesen genommen. Der Seitenaltar-Wandteppich weckte mein Interesse, im Flyer stand dazu der Hinweis auf Markus 4,2 – 9.

Da ich nicht kirchlich geheiratet habe und vom Konfi-Unterricht nur eine Mini-Ausgabe des Neuen Testaments besitze, fiel mir die »Gute Nachricht für dich« in die Hände, aus der Konfi-Zeit meines zweiundzwanzigjjährigen Sohnes. Wunderbar kindgerecht erklärt, fand ich nicht nur das Gleichnis vom Sämann, sondern stieg gleich neugierig in das Buch der Bücher ein. Sofort warfen sich mir Fragen auf, die ich in ein Notizbuch notierte und auf deren Antworten ich nun brenne.

Als Weiblichkeitspädagogin und Fachreferentin für ganzheitliche Frauengesundheit verwende ich in meinen Vorträgen häufig Gleichnisse nicht biblischer Natur. Nun darf ich erkennen, wie ähnlich und teilweise identisch meine Impulse den biblischen Gleichnissen sind.

KRISTINA POLSTER

## »DER HERR IST MEIN HIRTE ...«

*Ich lebe in einem Hochhaus.* Nach einem anstrengenden Tag finde ich im Hausflur bei der Papierablage ein chrismon-Magazin, das irgendjemand dort zum Entsorgen hingelegt hat. chrismon? Das habe ich noch nie gehört. Was ist das denn? Ich bin erstaunt. Ich habe kein Geld für Internet, Smartphone oder Ähnliches – aber dass es so ein Magazin gibt? Wirklich, noch nie gehört. Das kann kein Zufall sein. Vielleicht ein Fingerzeig des Herrn?

Ich finde die Beiträge interessant und auch witzig. Und dort: Da kann man sogar eine Bibel gewinnen!

Seit Monaten wünsche ich mir schon eine Bibel, die ich mir bis jetzt noch nicht leisten kann. »Der Herr ist mein Hirte, mir wird nichts mangeln ...« und: »Geben ist schließlich seliger denn nehmen.«

ANONYM

## GOTTVERTRAUEN

*Es war in den Achtzigerjahren,* die Zeit der Flugzeugentführungen und Unruhen im Nahen Osten. Entsprechend hoch waren die Sicherheitsvorkehrungen auf dem Münchner Flughafen. Dort stand ich in einer langen Reihe und wartete darauf, meinen sorgfältig gepackten Seesack wieder auszupacken, um den Unbedenklichkeitsstempel zu erlangen, der mir den Weiterflug nach Israel ermöglichen würde. Fasziniert und gleichzeitig voller Sorge beobachtete ich, wie ein großer Koffer nach dem anderen mit einer Gründlichkeit durchsucht wurde, die mir völlig neu war. Wie sollte ich meine Sachen nur alle wieder in den Seesack bekommen, nachdem ich ihn geleert hatte? Schließlich hatte ich Stunden gebraucht, ihn zu packen.

Endlich war ich an der Reihe und ein freundlicher, junger Polizist in Uniform forderte mich routiniert auf, auszupacken. Bereits unter den ersten Sachen fand sich die englischsprachige Bibel, die ich mitgenommen hatte, um beim täglichen Lesen gleichzeitig das notwendige Englisch aufzubessern.

Zu meinem Erstaunen nahm der Polizist die Bibel in die Hand, blätterte ein wenig, fragte nach dem warum, weshalb, wozu. Ich erklärte, ich sei eine gläubige Christin auf dem Weg nach Nes Ammin, einem christlichen Dorf in Israel, um dort ein Jahr lang zu arbeiten und gleichzeitig am christlich-jüdischen Dialog mitzuwirken. Er nickte, lachte und sagte: »Ich bin ein Glaubensbruder. Und ich bürge für dich.« Damit packte er die Bibel zurück in den Seesack, die wenigen anderen Sachen obendrauf und schnürte den Sack höchstpersönlich wieder zu. Meine schier überschwänglichen Gefühle der Freude und Dankbarkeit schienen ihn eher verlegen zu machen. Er wandte sich ab und widmete sich dem nächsten Passagier, dem ich weichen und Platz machen musste. Aber der Gedanke an ihn und sein Vertrauen in Gott erfüllt mich auch nach Jahrzehnten immer noch mit Freude, so oft ich daran denke.

ANONYM

## VOM FUNDSTÜCK
## ZUM TÄGLICHEN BEGLEITER

*Auf einer meiner vielen Reisen* mit dem Zug fand ich Anfang der 1980er-Jahre auf einer Bahnhofsbank eine in Plastik eingewickelte spanische Bibel. Seitdem ist sie meine tägliche Begleiterin – wie schön!

MAGDA FRANZKE, Kiel

# VERBINDENDE GEMEINSAMKEIT

*Die wichtigste Bibel* meines Lebens hat mich durch mein Freiwilligenjahr auf der kleinen Insel Nias, westlich von Sumatra, in Indonesien gelegen, begleitet. Sie war der erste Gegenstand, den ich mir kurz nach meiner Ankunft im Sommer 1998 von indonesischem Geld gekauft habe. Suharto war gerade gestürzt worden, das Land von schweren politischen und wirtschaftlichen Turbulenzen erfasst, und die Inflation war dementsprechend hoch. Ich erinnere mich gut an das dicke Bündel Geldscheine, das ich damals in den Laden trug – umgerechnet kaum mehr als zwei D-Mark.

Diese dicht bedruckte Bibel auf dünnem Papier war sicherlich der wichtigste Gegenstand meines Alltags und meiner Integration dort. Ich habe mit ihr Indonesisch gelernt, denn Lehrbücher gab es damals kaum. Im Gottesdienst war sie mein steter Begleiter. Anhand dieser Bibel konnte ich meine sprachlichen Fortschritte nachvollziehen – vom ersten, mühseligen Hüpfen von Wort zu Wort bis zum Verständnis ganzer Predigten am Ende meines Aufenthaltes. In endlosen, mehrstündigen Gottesdiensten hat sie mir die Wartezeiten zwischen den bis zu zwanzig Chorauftritten deutlich verkürzt – viele Zeichnungen, Anmerkungen und Unterstreichungen zeugen davon. Vor allem in den ersten Monaten war sie Wörterbuch, Grammatik und Übungsheft zugleich: Wie oft habe ich im verzweifelten Versuch, mich verständlich zu machen, auf Textausschnitte und Bibelstellen gezeigt! In einem christlich geprägten Umfeld war sie ein wichtiger Türöffner. So vieles trennte mich von den Menschen vor Ort, wie oft habe ich mich wie ein riesiger Elefant unter all den zierlichen Menschen um mich herum gefühlt. Aber wir hatten ein gemeinsames Buch und sprachen dieselben Gebete – ein unschätzbarer Halt und eine verbindende Gemeinsamkeit, aus der sich so viele wertvolle Kontakte und Freundschaften ergeben haben.

Ein Freiwilligendienst war damals ein vergleichsweise großes Abenteuer, gab es doch weder Handy noch Internet und auch sonst kaum Kontaktmöglichkeiten nach Hause. Nicht zuletzt auch dank meiner indonesischen Bibel habe ich es geschafft, und das hat mich für mein weiteres Leben geprägt. Viel später habe ich professionell mehrere Jahre lang über hundert Freiwillige durch ihr Auslandsjahr begleitet, und immer noch spreche ich manchmal im Gottesdienst das Vaterunser leise auf Indonesisch mit.

ANIKA MAY, Köln


## MULTIFUNKTIONAL

*Eine Bibel* kann unwahrscheinlich praktisch sein. Vor einiger Zeit war ich als Pastor bei einem Brautpaar, um über die bevorstehende kirchliche Hochzeit zu sprechen. »Die Trauansprache möchte ich gern über ein biblisches Motto halten«, sage ich, als ich bei den zukünftigen Eheleuten in der neu und liebevoll eingerichteten Wohnung sitze.

Die Braut lächelt mich an: »Ich weiß eins. Das hatten wir im vergangenen Jahr bei der Hochzeit meiner Cousine Gabi. Aber ich kriege es aus dem Kopf einfach nicht mehr zusammen.« Fröhlich lächelnd wendet sie sich dem Bräutigam zu, der neben ihr auf dem brandneuen Ledersofa sitzt.

»Kriegst du es zusammen, Schatz …?«

Der Bräutigam schüttelt mit dem Kopf. »Nee … Keine Ahnung! Ehrlich! Beim besten Willen nicht.«

Die junge Frau fasst sich nachdenklich ans Kinn. »Weißte was«, fällt ihr etwas mit einem Fingerschnippen ein. »Ich habe in meine Konfirmandenbibel das Gottesdienstprogramm von Gabis Hochzeit reingelegt. In die Gute Nachricht Bibel. Neulich haben wir sie doch beim Umzug noch gehabt. Weißt du, wo sie ist, Schatz?«

Er schüttelt heftig mit dem Kopf. »Nee! Keine Ahnung.«

»Hm«, lächelt sie ihn an. »Die muss doch irgendwo sein … Ich habe sie dir doch extra noch gezeigt, zusammen mit dem Bilderrahmen mit meinem Konfirmationsspruch drin.«

»Keine Ahnung«, zuckt der Bräutigam mit den Schultern. »Ist doch auch egal. Lass doch den Pastor was aussuchen«, murmelt der Bräutigam.

»Aber Gabis Bibelspruch war echt gut. Da habe ich noch gedacht, den hätte ich auch gerne.« Also beginnt die Braut mit der Bibelsuche.

»Merkwürdig«, sagt sie. »Ich kann mir das überhaupt nicht erklären. Ich bin sonst doch ziemlich ordentlich. Schatz, da war doch dieser Aufkleber gegen Atomkraft drauf, hab ich dir doch gezeigt.«

»Oh«, schlägt sich der Bräutigam die Hand vor den Mund. »Dann fällt es mir jetzt ein.«

Die Bibel lag schließlich unter einem alten Eichenbüffet der Oma des Bräutigams, das in der ansonsten so modern eingerichteten Wohnung an der Wand zum Flur stand. Beim Einzug war hinten rechts einer der dunklen, gedrechselten Füße abgebrochen und die Bibel hatte genau die richtige Dicke, dass das herrlich geschnitzte Möbel auf nur noch drei Beinen nicht mehr wackelte.

»Tja, die Bibel kann einem in allerlei Lebenssituationen helfen«, lachte ich, als wir gemeinsam das Büffet anhoben und die Bibel hervorholten, um sie unter dem Büffet durch die Gelben Seiten und das Örtliche zu ersetzen.

Eine Bibel kann unwahrscheinlich praktisch sein: Sie eignet sich zum Aufheben von Zetteln, als Ersatzfuß für Eichenbüffets oder – und das ist der wirkliche Sinn der Bibel – auch zum darin Lesen …

HANS HENTSCHEL

# ABGESCHRIEBEN

*Ja, ich habe auch eine,* von mir per Hand abgeschriebene, dreibändige Bibel. Sie umfasst insgesamt 1056 Seiten. Geschrieben mit zwei Kolbenfüllhaltern mit Eisengallustinte, wie sie schon Martin Luther benutzte. Für die Arbeit benötigte ich 659 Stunden und 45 Minuten, verteilt auf zehn Jahre.

Anschließend erfolgte die Illustration mit abstrakten Bildern durch meine Frau. Danach wurden die Bände professionell in Leinen gebunden und mittels moderner Drucktechnik mit einem Deckeleindruck versehen.

Mein Ansporn war, die Bibel einmal Wort für Wort zu lesen und mich mit ihr zu befassen, was mir am besten gelingt, wenn ich sie per Hand abschreibe.

DR. HENNING HÜNECKE/ROSWITHA HÜNECKE

# NICHTS NEUES UNTER
# DER SONNE

*So richtig wiederentdeckt* nach fast drei Jahrzehnten habe ich die Bibel, als ich Ende vierzig war, und zwar aus zwei Anlässen: Zum einen, als ich nach dem Tod meiner Mutter in meinem Elternhaus das Neue Testament meiner Konfirmandenzeit wiederfand, in dem ich vieles unterstrichen und auch Anmerkungen an den Rand geschrieben hatte. Ich las sie nun wieder unter dem Gesichtspunkt, was mich damals zu den Unterstreichungen bewogen haben mag. Ein weiterer Fund war die Stuttgarter Jubiläumsbibel, eine Gesamtbibel mit Altem und Neuem Testament und vielen Erklärungen.

Ist Ihnen der Begriff Romanlese geläufig? Oder Gedichtlese? Nein? Mir auch nicht. Aber der Begriff Bibellese. Ist uns doch seit Luther die tägliche Bibellese anbefohlen. Bibellese – ein ungewöhnlicher, wenn nicht gar einzigartiger Begriff für den Umgang mit dem Buch der Bücher. Ein Begriff, der weiterdenken lässt. Mir kommt da als einzig vergleichbarer Begriff Weinlese in den Sinn. Weinlese heißt Früchte ernten. Die Trauben kann man einzeln verzehren. Oder in der Menge zu Saft weiterverarbeiten, oder gären lassen, eben zu Wein. Aber auch zu Essig oder Champagner. So nehme ich die Bibel gerne als Weinberg. Folge ich den Losungen, der Perikopenordnung oder einem ausgetüftelten Bibelleseplan oder, was ganz spannend sein kann, schlage ich die Bibel aufs Geratewohl auf und tippe mit dem Finger auf einen Vers, ist das der Genuss einzelner Früchte, die ich mir, wenn ich darüber nachsinne, sozusagen langsam auf der Zunge des Geistes zergehen lasse. Aber ich bevorzuge oft und gern andere Verarbeitungen aus dem Gemenge der Bibel.

Drei Mal habe ich die Bibel von vorn bis hinten gelesen. Zum einen mit der Frage: Welches Gottesbild vermittelt die Bibel, auch wenn wir uns kein

Bild von Gott machen sollen? Finde ich so etwas wie die Biografie Gottes? Wie entwickeln sich die Gottesvorstellungen oder anders: die Vorstellung Gottes? Vom verborgenen Gott hin zum Mitmenschen Jesus Christus, unserem Bruder?

Zum Zweiten: als sozialhistorischen Roman. Wie bildet sich Gemeinwesen und Herrschaft? Von den Richtern über die Auseinandersetzung, ob es einen König geben soll oder nicht bis hin zur Abfolge von guten und schlechten Königen. Welches Bild vom gesellschaftlichen Gegeneinander und Miteinander zeichnet die Bibel?

Zum Dritten: unter dem Gesichtspunkt der Individualpsychologie. Welches Bild vom Menschen vermittelt die Bibel? Welches Bild davon, wie Menschen mit anderen Menschen und auch mit sich selbst umgehen?

Worum es auch immer geht, die Bibel ist in jedem Fall eine spannende Lektüre. Im wahrsten Sinne des Wortes. Geht es doch im Kern immer auch um Spannungen: Zwischen guten und schlechten Herrschern. Zwischen Propheten und Herrschern. Um Spannungen zwischen Gott und den Menschen, Spannungen zwischen den Propheten und Gott, Spannungen zwischen Jesus und den Pharisäern. Spannungen zwischen den Jüngern und auch Spannungen zwischen Jesus und seinen Jüngern.

Für mich hat sich bei der wiederholten Lektüre eine in der Bibel verkündete Grunderkenntnis bestätigt: Es gibt eigentlich nichts Neues unter der Sonne. Mit Erstaunen habe ich für mich bilanziert: Den Verfassern der Bibelbücher, also Menschen, die vor mehr als zweitausend und dreitausend Jahren lebten, war nichts Menschliches fremd. Und eigentlich sind wir heute nicht wirklich weiser. So finde ich schon vieles von dem, was Sigmund Freud entdeckt hat, in der Bibel.

Johannes Rau hat gesagt: »Das menschlichste, das vielfältigste, das wichtigste, das tiefste und höchste Erzählwerk der Welt ist die alt-neue Bibel noch immer.« Noch intensiver charakterisiert Rudolf Augstein: »Der Mensch in seiner existenziellen Not und Würde, der Mensch als Geschöpf Gottes und als Instrument seines eigenen Heils, der Mensch in Verderbtheit und Untergang wird nirgendwo ergreifender geschildert als in den beiden Testamenten der Bibel. Sie sind untrennbare Gegensätze und doch zugleich eine unauflösliche Einheit.« Weil in der Bibel vom Menschen erzählt wird, sei sie das »Identifikationsangebot noch und noch«.

So verstehe ich die Bibel auch. Je nach Stimmung und Bedürfnis finde ich mich eher im Essig wieder oder schmecke ich Champagner. Im Essig, wie in den Klagen zweifelnder und verzweifelter Psalmisten oder Propheten oder in dem Weingeist, mit dem Jesus am Kreuz noch zusätzlich gemartert wurde. Oder im Champagner der Hoffnung und Rettung, der Erlösung aus innerer oder äußerer Not.

Immer mal wieder durchforste ich die Bibel unter Fragestellungen, die mich umtreiben. So war es auch, als ich mich mit Anfang sechzig mit dem Älterwerden auseinandersetzte. Dabei drehte sich mein Sinnen um den berühmten Psalmvers »Lehre uns bedenken, dass wir sterben müssen, auf dass wir klug werden.« (Ps 90,12). Und das hat mir geholfen, mein Älterwerden anzunehmen, die Haltung zu entwickeln: Ich möchte selbstbewusst und in Würde älter werden und noch tätig bleiben, solange es geht, auch und vor allem in unserer Kirche.

WOLF GUNTER BRÜGMANN-FRIEDEBORN, Frankfurt

## SCHMERZLICHER VERLUST

*Starkregen, Hagel, Blitz und Donner:* Ich stehe mit den Kindern am Fenster und bestaune das Wetter. Die ersten Minuten sind spannend. Doch je länger der Regen fällt, desto mulmiger wird uns. »Sind die Kellerfenster zu?« fragt mich mein Mann. Nein, sind sie nicht. Aber selbst wenn sie es gewesen wären: Das Wasser hat sich seinen Weg schon gesucht. Und zwar in unseren Keller. Und es hört nicht auf zu regnen. Und es hört nicht auf zu laufen. Unser Arbeitszimmer, meine Bücher, das Gesangbuch, das meine Großmutter mir zur Konfirmation schenkte und meine Bibel – alles geht in dieser Flut verloren, neben den vielen anderen Dingen, die ein Keller ebenso beherbergt. Nicht alle sind solche Schätze wie das Buch, in dem Taufsprüche, Trausprüche und mir wichtige Stellen markiert waren.

HANNA-LENA NEUSER


## AUF MICH WIRKEN LASSEN

*Haben Sie auch eine?* Ich hatte eine! Weg ist sie, im Verlauf diverser Umzüge habe ich meine Bibel recycelt. Begleitet hat sie mich seit der Konfirmation, aber ich muss gestehen: In die Hand habe ich sie kaum genommen.

Doch ich habe noch eine im Regal gefunden. Eine weit ältere: »Die Heilige Schrift«, gedruckt 1952. Damit ist sie fünf Jahre älter als ich. Ob ich in diese öfter hineinschauen werde als in meine Konfirmationsbibel, kann und möchte ich nicht versprechen.

Was ich aber festgestellt habe, ist, dass ich mir immer mal wieder gerne Kirchen anschaue. Mein Interesse konzentriert sich dabei auf die Gebäude, das Innere. Mir gefällt es, den Ort auf mich wirken zu lassen. Diesem Auf-mich-wirken-lassen werde ich weiterhin nachfolgen.

CHRISTA JUNGINGER, Kusterdingen

## VERTRAUTES BUCH

*Ich lese seit vielen Jahren* die Andachten des Neu-
kirchner Kalenders in meiner Lutherbibel und unter-
streiche die täglichen Verse. Dadurch und durch Mit-
nahme auf Reisen sieht das gute Stück sehr bearbeitet
aus. Und doch scheue ich mich noch vor einer neuen
Bibelausgabe, weil ich den Verlust der bisherigen
Markierungen befürchte …

JENS HAKE

## SCHWERGEWICHT

*Wie jedes evangelische Brautpaar* bekamen wir
1968 zur Hochzeit die Bibel überreicht. Doch bei der
einen ist es nicht geblieben. Schulbibeln und schöne
alte Exemplare kamen hinzu. Ab und zu wird darin
gelesen, gerne in der, in der die Apokryphen noch
enthalten sind, oder im Alten Testament auf den Spuren von Frauen mit und ohne Namen. Eine immer
wieder spannende Lektüre.

Mein »bestes Stück« stammt aus England, und
es hat seine Geschichte. Ich war in den Achtzigerjahren zu einem Sprachurlaub in Ramsgate. Natürlich gehörte das Stöbern in Antiquariaten dazu –
eine Leidenschaft von mir. Diese Second-Hand-Läden,
in Deutschland noch eher selten, gab es dort reichlich. Eine alte englische Bibel, ledergebunden, von

1877, hatte es mir angetan. Mein Reisebudget ließ den Kauf zu. Etwas hatte ich allerdings nicht bedacht: das Gewicht. Mit letzter Kraft konnte ich meinen Kauf in den Koffer pressen. Um sechseinhalb Kilo hatte sich dessen Gewicht erhöht!

Diese Reise blieb mir im Gedächtnis. Ich kann es heute noch nicht fassen, dass ich diesen Koffer über Treppen und lange Wege auf Flughäfen und Bahnhöfen geschleppt habe – Rollenkoffer waren noch nicht üblich. Nicht am komplizierten englischen Text, aber am schönen Äußeren, den Stichen und den wenigen handschriftlichen Eintragungen kann ich mich noch heute erfreuen.

HERTA EGLI, Worms

## ABENTEUER BIBEL

*Meine Bibel* ist erst gut ein Jahr alt. Ich habe sie zu meiner Konfirmation bekommen und seitdem begleitet sie mich. Auf der Rückseite steht: »Lass dich ein auf das Abenteuer Bibel!« Und das tue ich, wenn ich nun seit meiner Konfirmation unter der Leitung unserer Pfarrerin und mit weiteren Jugendlichen den Kindergottesdienst betreue und gestalte.

Den habe ich übrigens früher selbst besucht und nun ist es eine interessante Erfahrung, einer der Leiter zu sein.

JULIAN BRAUN, Moers

## DAS WORT GOTTES

*Die Bibel* ist das Wort Gottes. Getrieben vom Heiligen Geist haben die Schreiber dieses Buch verfasst. Man lernt Gott, unseren himmlischen Vater und seinen Sohn Jesus Christus durch die Bibel kennen wie er ist. Auch seinen Willen erfahren wir in der Bibel. Er hat direkt zu Adam und Eva gesprochen. Später durch seine Propheten, durch Jesus, der Mensch geworden ist. Ich liebe ihn.

INGE CARR

## LEBENDIG

*Sie ist die Heilige Schrift* für mich. Das heißt, sie ist lebendig, sie spricht zu mir. Am besten im Urtext.

MATHIAS RÖSEL

## DIE »ALTE SCHWARTE«
## VOM FLOHMARKT

*Abi 1963.* Für die ersten Schritte ins »wahre Leben« schien Paris geeignet. Im März war man dort noch weitgehend unter Franzosen, selbst auf dem berühmten Flohmarkt an der Porte de Clignancourt. Bei den Bouquinisten an der Seine hatten wir schon geschnüffelt und waren freudig überrascht, an einem

Stand auf dem Flohmarkt auf noch größere Bücher-
berge zu stoßen. Ganz unten lag eine wahre Schwarte,
groß wie ein Schinken, mit geriffelter Verzierung der
Seiten, wie es im 19. Jahrhundert mal als schön empfunden wurde. Ein genauerer Blick zeigte aber: eine
Bibel, die im 19. Jahrhundert nur Opfer eines Restau-
rators geworden war. Die Titelseite gab als Jahr des
Drucks MDLXXXIV – 1584 an! Das löste eine mäch-
tige Faszination aus. 1584? Nur wenige Jahrzehnte
nach Luther. War da nicht etwas mit der spanischen
Armada – nein, das war etwas später. Aber die Bibel
wollte ich haben. Es gab längere Verhandlungen. Die
Verkäuferin klagte, dass sie im Sommer, wenn die
amerikanischen Touristen kommen würden, viel
mehr Geld fordern könnte. Schließlich einigten wir
uns auf einen Preis, der meine bescheidene Reise-
kasse nicht übermäßig beanspruchte.

Was war das für ein Schatz? Als Titelseite das
Neue Testament als »Novum Testamentum Grae-
cum«. Als Verlagsort »Antverpiae«. Also in Antwerpen gedruckt und der Text war tatsächlich eine
Synopsis von griechischer und lateinischer Fassung
des Neuen Testaments. Mit Latein hatten wir uns
sieben Jahre lang in der Schule befassen dürfen; jetzt
war die Tür zum griechischen Urtext offen. Und
nicht nur das. Ganz hinten war eine weitere Titelseite der »Biblia Hebraica« vorangestellt, mit dem
Text als hebräisch-lateinische Synopse. Nur die
Apokryphen des Alten Testaments fielen heraus:

Entsprechend ihrer Überlieferung wurden sie griechisch-lateinisch präsentiert. Das Hebräische war für uns fremd und weit weg, aber hier war so etwas wie der Papier gewordene Stein von Rosette für den Einstieg ins Hebräische. Natürlich »rückwärts« geschrieben und daher hinter dem Neuen Testament. Großartig, aber ein Projekt, das für einen Zwanzigjährigen doch etwas groß war.

Faszinierend war, dem Hauch der Geschichte nachzuspüren. Da waren die Rotweinflecken in der Apostelgeschichte. Welcher Jahrgang das wohl gewesen sein mochte? Bei den Psalmen stieß ich auf einen offensichtlich mit kratzendem Federkiel geschriebenen Notizzettel. War das eine Hinterlassenschaft von Petrus Frizon aus Reims, dessen Exlibris mit der Jahreszahl 1651 das Titelblatt zierte?

1969. Traugespräch. Wir hatten uns 1 Joh 4,16 ausgesucht: »Gott ist Liebe; und wer in der Liebe bleibt, der bleibt in Gott und Gott in ihm«. Aber der Pastor war nicht begeistert: Trausprüche, in denen Liebe vorkomme, habe er nicht so gern. Nun half aber meine alte Bibel. Es ging bei Johannes ja gar nicht um »amor«, sondern um die als »charitas« buchstabierte Nächstenliebe. Und im griechischen Text meiner Bibel stand »αγαπη«. Daraufhin gab sich der Pastor geschlagen und wir heirateten mit dem 1. Brief des Johannes.

1988. Flug nach Jerusalem. Neben mir ein Theologe. Ja, ja, diese alten Bibeln gebe es auch in Heidelberg in den Antiquariaten an der Heiliggeistkirche. Für einige hundert Mark. Na, da war meine Bibel immerhin keine schlechte Geldanlage.

2001. Es gab nun das Internet und Suchmaschinen und Wikipedia. Wer war eigentlich dieser Arius Montanus, der sowohl für das Neue wie auch das Alte Testament als Übersetzer genannt war? Ein Spanier, der von 1527 bis 1598 lebte. Er war der Bibliothekar Philipps II. Von 1568 bis 1572 war er in Antwerpen, in den Spanischen Niederlanden, als Herausgeber einer lateinisch-griechisch-hebräisch-altsyrisch-chaldäischen Bibelsynopse. Da war meine zweisprachige Fassung wohl die Volksausgabe. Der Drucker war Christoph Plantin (1514 oder 1520–1589) in Antwerpen, der 1570 das Monopol für den Druck liturgischer Bücher in Spanien, den Spanischen Niederlanden und den Kolonien erhalten hatte.

Auch Petrus Frizon war dem Internet kein Unbekannter; es fanden sich Hinweise auf den Kardinal, der in einem Werk von 1736, über den Ursprung des »Pabstthums«, »päbtischer Theologus« genannt wurde.

2016. Mein Enkel besucht ein humanistisches Gymnasium. Er hat drei Jahre Latein gelernt und wird nun im neuen Schuljahr als weitere Fremdsprache Altgriechisch hinzunehmen. Endlich wird auch der griechische Text meiner alten Bibel gewürdigt werden.

PROF. DR. ERNST SCHAUMANN, Hamburg

## IMMER NOCH DIE LUTHERBIBEL

*Meine Lieblingsbibel* ist die Lutherbibel, die bekamen wir zur Hochzeit vor fünfunddreißig Jahren. Sie ist viel gelesen und mit bunten Anmerkungen versehen, sie kommt überall mit hin. Darüber hinaus besitze ich auch noch andere Ausgaben, unter anderem eine italienische Bibel.

SABINE SCARPA

## ZWEI MAL GESCHENKT

*Sie war und ist meine Kleine,* die Senfkornbibel mit Ledereinband. Ich habe sie während meiner Zeit als wissenschaftliche Hilfskraft in Heidelberg vom Theologischen Institut geschenkt bekommen.

Durch ihre Handlichkeit eignete sie sich bestens zur Vorbereitung auf die anstehende Prüfung in Bibelkunde. Mehrfach habe ich sie durchgearbeitet, Verse thematisch bunt unterstrichen, sie mit schriftlichen Verweisen, Zusammenfassungen an den Rändern versehen. Bis zur Prüfung hatte die Bibel nicht nur ihre Fassung verloren, sie bestand nun hauptsächlich aus Einzelteilen.

Ihr gottesdienstlicher Gebrauch nötigte mir besondere Fingerfertigkeit ab. In der Vikargemeinde fiel meine Handhabung beim Vorlesen aus der Bibel einem Buchbinder auf. Wir kamen über deren Ursachen ins Gespräch. Er bot mir an, meine Bibel zu reparieren. Freudig sagte ich zu. Nach ein bis zwei Wochen gab er sie mir wieder. Beim ersten Durchblättern fiel mir nichts mehr entgegen. Sie war neu, meine kleine bunte Bibel. Ich strahlte den Mann an, fragte nach dem Preis. Die Höhe sollte keine Rolle spielen. Er sagte: »Ich schenke sie Ihnen!« Ich war sprachlos. Wie ich ihm gedankt habe, kann ich nicht mehr sagen. Doch die Freude von damals spüre ich heute noch. Ich hatte die Bibel zum zweiten Mal geschenkt bekommen.

Nun steht sie unbeschadet seit Jahren mit ihrer für mich inzwischen sehr kleinen Schrift mit einigen anderen größeren Exemplaren im Regal, besonders wertvoll durch ihre vielfältigen Hinweise, Markierungen und Unterstreichungen von damals und ihre zweite Bindung als Geschenk.

BEATE ROLA, Pfrn.i.R., Bremerhaven

## GEWONNEN!

*Mit meiner Bibel* habe ich vor einiger Zeit den Wettbewerb »Wer hat die älteste Bibel?« in meiner Kirchengemeinde Offenbach-Bieber gewonnen. Sie ist eine lateinische Bibel, eine Vulgata, von 1592! Auf sie bin ich stolz.

UWE KAI JACOBS, Landau

# BUCH MIT
# SIEBEN SIEGELN

*Das Jahr 2011* habe ich zu meinem persönlichen Bibeljahr gemacht. Als Katholikin habe ich die Evangelischen immer um ihre besseren Bibelkenntnisse beneidet und fand meine Unkenntnis gegenüber gläubigen Juden oder Muslimen, für die ihre heiligen Bücher zum täglichen Leben gehörten, immer beschämend. Darüber bin ich achtundsechzig geworden! Außerdem hat es mich erstaunt, dass es Menschen gibt, die die Bibel als das faszinierendste Buch der Welt bezeichnen. Es lastete auf meiner Seele, dass ich mir nach einer vagen Ablehnung, vor allem des Alten Testaments, noch nie wirklich Zeit zum konzentrierten Lesen genommen hatte.

Durch den Schulunterricht lernte ich diverse Kinderbibeln kennen, auch eine Comic-Bibel. Im Nachlass meines Vaters gab es nicht nur die Konfirmationsbibel meiner Großmutter von 1908, sondern auch einen Jahresleseplan dazu. Zu Weihnachten nach dem Tod meines Vaters bekam ich ein großformatiges, leichter lesbares Faksimile geschenkt mit Goldschnitt und Ledereinband. All meine Disziplin habe ich zusammengenommen und mich durch die 1300 Seiten in der lutherischen Übersetzung durchgekämpft.

Leider haben die Bilder von Betrug, Hinterlist, Gewalttaten, Kriegen in den Geschichtsbüchern des

Alten Testaments die tröstenden und hoffnungs-vollen total überdeckt. Schon als Schülerin ging es mir im Geschichtsunterricht so, wie es mir heute mit den Nachrichten geht: Ich werde den Eindruck nicht los, dass der Mensch sich in 5000 Jahren nicht ge-ändert hat. Auch die Ausgabe der »Guten Nachricht in heutigem Deutsch« (1978) hat an diesem Eindruck nichts geändert.

Vor einigen Jahren habe ich eine kleine Bibelaus-stellung besucht, bin dort mit dem Sammler, einem Geistlichen, ins Gespräch gekommen und habe mich verstanden gefühlt. Unter anderem lag dort eine Bibelausgabe in der Sprache der heutigen Jugend (die »Volxbibel«). Ich kaufte sie mir und ebenfalls ein Exemplar von »Und Gott chillte«.

Ich bleibe also dran – immer in der Hoffnung, dass ich doch noch einen Zugang zum Alten Testa-ment finden werde. Vielleicht durch die Neuausgabe der Lutherbibel?

ANGELIKA BRUNHOLZ, Soest

## EIN BÄUERLICHES BUCH

*Ohne pietistische Jugendarbeit* mit Bibellese hätte ich nicht Theologie studiert und ohne einen Bio-bauern nicht entdeckt, dass die Bibel ein bäuerliches Buch ist!

DR. RAINER HENNIG, Naila

# EINE ART LIEBE

*Aus Interesse* an der Heiligen Schrift ist bei mir eine Art Liebe geworden. Das hat Jahre gedauert und mit etwa vierzehn Jahren und einer kleinen Senfkorn-Ausgabe der Lutherbibel 1912 angefangen. Mittlerweile ist daraus eine kleine Bibliothek verschiedener Übersetzungen – bis hin zu Online-Versionen – entstanden. Was mich immer wieder fasziniert: Alle Bibelausgaben besitzen ihren ganz eigenen Charakter. Was steckt nicht alles in dieser Sammlung gotteingehauchter Blätter alter Zeit. Grenzt es nicht an ein Wunder, dass so viele daran mitgeschrieben haben, und die großen Linien in Charakter und Verheißung allesamt bis zum letzten Buch der Offenbarung bewahrt geblieben sind?

Mir persönlich ist die Scofield-Bearbeitung auf Grundlage der Elberfelder Bibel die Lieblingsbibel geworden. Sie kommt den Urtexten sehr nahe und lässt der hebräischen und griechischen Sprache mitsamt ihren Eigenheiten genügend Raum.

Ich schöpfe aus dem nahezu täglichen Lesen in der Bibel Erkenntnis, Weisheit, Kraft, Trost, Ermahnung und Wegweisung, aber auch Verheißung und Wiederkommensfreude. In der Schrift entdecke ich ganz verschiedene Bedeutungsebenen, die mal historisch, mal allegorisch, mal prophetisch zu verstehen sind. Welches Buch ist der Bibel gleich? Wenn es dann noch gelingt, dass der Geist, der in alle Wahrheit führt, sich beim Lesen und Verstehen der Zeilen Bahn bricht, ist es ein persönliches Erlebnis, das mein Hoffen und Vertrauen auf Gott, der schönen aramäischen Bedeutung des Wortes Glauben, unvergleichlich bereichert.

Und nebenbei bemerkt: Meine Lieblingsbibel fühlt sich zudem richtig gut an, liegt klasse in der Hand und ist auch ein gestalterisches Erlebnis mit dem weichen Einband, der gelungenen Typographie und den vielen wertvollen Fußzeilen, Zeittafeln, Karten usw.

OLIVER FINK, Nufringen/Stuttgart

## VIELFALT
## MIT LESESPUREN

*Ich habe vor dreißig Jahren* in der High Kirk of St. Giles (St. Giles Cathedral) das Neue Testament in Lorimers Übersetzung auf Scots (schottisches Englisch) gekauft – eine Leseherausforderung, mittlerweile aber mit deutlichen Lesespuren. Ansonsten benutzen wir mehrere deutsche und englische Ausgaben. Die Fassung in gerechter Sprache habe ich anderswo angelesen. Obgleich ich das Anliegen unterstütze, stößt mich die praktische Fassung ab. Gut und spannend fand ich die Eichborn-Ausgabe, die ich inzwischen verschenkt habe.

HELMUT THOLEN

## ONLINE UND OFFLINE

*Ich besitze mehrere Bibeln* und benutze durchaus immer mal wieder eine andere. Momentan sind die Herderbibel und die New Revised Standard Version öfter mal in Benutzung. Wenn es recht exakt sein muss oder viele Querverweise interessant sind, dann schätze ich die Neue Genfer Übersetzung. Andere Familienmitglieder greifen dann gern auch zur Amplified Bible. Sehr nützlich finde ich es, dass eine Vielzahl von Übersetzungen inzwischen online frei abrufbar sind und man so auch direkte Vergleiche zwischen zwei Übersetzungen anstellen kann, die man vielleicht nicht selbst im Bücherregal stehen hat.

DAGMAR HAMBERGER

## IMMER AKTUELL

*Ich besitze mehrere Übersetzungen* und eine spanische und eine französische Bibel. Ich vergleiche gern diverse Übersetzungen. Mir bedeutet die Bibel mehr als jedes andere Buch, weil sie Gottes Wort ist, immer aktuell bleibt. Sie gibt Hilfestellung und Ratschläge, Mut machende Verheißungen, Ermahnungen, und vor allen Dingen zeigt sie den Weg der Erlösung durch Jesus Christus. Sie zeigt, wie sehr Gott uns Menschen liebt.

MARIE-LUISE GUGGENMOS

## LEKTÜRE, GEBET, MEDITATION

*Meine Bibel* liegt immer griffbereit unter dem Schreibtisch, um nachzulesen oder mich in der »Schriftbetrachtung« betend und meditativ mit ihr auseinanderzusetzen.

JOHNNY SUTCLIFFE

## MITBRINGSEL AUS DER SCHWEIZ

*Für meinen Magister* in Theaterwissenschaft ging ich nach Zürich an die Kunsthochschule. Zwei Jahre voller neuer Eindrücke und Erfahrungen, aber auch voller Entbehrungen und weit weg von meinem Freund und meiner Familie. In der ersten Woche hatten wir ein Gespräch mit dem Pfarrer in der Kirche Fraumünster, dabei ging es um »das Theatrale in der Kirche und Rituale«. Es war ein inspirierender Nachmittag, ein toller Austausch von Meinungen und Ansichten. Ich kam aus dem Fragenstellen und Überlegen gar nicht mehr heraus. Am Ende schenkte mir der Pfarrer eine Ausgabe der Zürcher Bibel, die ich in den folgenden zwei Jahren während meines Studiums »durchgearbeitet« habe. Das Studium hat mich viel gelehrt, das Lesen dieser einzigartigen Geschichte fast noch mehr. Es waren unglaubliche zwei Jahre. Und meine neuen Ansichten und vielfältigeren Denkweisen begleiten mich noch heute, schon lange zurück im Alltag hier in Schleswig-Holstein.

LISA ÜBERBACHER, Sierksdorf

## VOM SINN EINES BREVIERS

*Ich habe im Laufe* meines Lebens mehrere Bibeln besessen. Aktuell besitze ich zwei. Gelesen habe ich darin offen gesagt nur selten. Meine Bibelkenntnisse verdanke ich wesentlich dem Biblischen Brevier von Erich Hertzsch, das mich jahrelang begleitet hat. Für mich ist das biblische Wort in erster Linie ein performativer Text. Den größten Eindruck machen auf mich regelmäßig die Lesungen im Gottesdienst.

ECKHARD SCHEIDER

Die Bibelstellen wurden, sofern nicht anders angegeben,
aus folgender Bibelausgabe zitiert:
Lutherbibel, revidierter Text 2017, © 2016 Deutsche
Bibelgesellschaft, Stuttgart

Foto Margot Käßmann: Gene Glover / Agentur Focus

Bibliografische Information der Deutschen Nationalbibliothek:
Die Deutsche Nationalbibliothek verzeichnet diese Publikation
in der Deutschen Nationalbibliografie; detaillierte bibliografische
Daten sind im Internet über http://dnb.d-nb.de abrufbar.

© 2017 by edition chrismon in der Evangelischen Verlagsanstalt
    GmbH · Leipzig
Printed in Germany

Das Buch wurde auf alterungsbeständigem Papier gedruckt.
**Gestaltung + Umsetzung:** Hansisches Druck- und Verlagshaus ·
Frankfurt am Main, Anja Haß
**Druck und Bindung:** BELTZ Bad Langensalza GmbH

ISBN 978-3-96038-042-9
www.eva-leipzig.de